トップアスリート、カリスマ経営者たちから学ぶ
未来を切り開く無敵の思考術

一流たちの潜在意識2.0

Tomonari Harada
原田 智也

はじめに

私は両親の家業の失敗から幼少期より貧困家庭に育ちました。

生活に必要なものは自分で稼いで買わないといけないので、小学校高学年から新聞配達をはじめ高校へ進学すると夜はファミリーレストランで働き、長期休暇にはさらにもう1つ仕事を加え、トリプルワークをするなど、休む間もなく働いてきました。

そして高校の卒業を控え、将来に対し何の目標も持っていなかった私は、経済的に進学の余裕もないのに、とりあえず、3流大学1校だけ受験します。

幸か不幸か合格したため、2年目以降は自分で学費を支払うという条件で親戚中に頼み込んで、入学金と初年度の学費をかき集めます。

時代はバブル全盛期「しもしも〜」とか言っていた時代です。(笑)

当時は高額アルバイトが多くあり、学費を工面することは今ほど難しくはなかったのですが、それまでの我慢が爆発して、すべて交遊費に飛んでいきます。

結局、学費が払えなくなって大学は除籍処分。

何の苦労もなく、学費は当然として車まで親に買ってもらう同級生を横目に「人生、世の中不公平」と思わせる境遇を恨《うら》み、拗《す》ねました。

大学除籍後は、借金の取り立ての下請けや中古外車のブローカーなどに手を染めていきます。「いっそアンダーグラウンドな世界で生きていこうか」とも考えましたが、何ごとも中途半端な私は、不良にも成りきれず、とりあえず自宅から通勤が楽だった人材サービス会社の営業職に応募し、採用されます。

後で気づいたことですが、そこは国内最大規模の人材会社の子会社でした。

朝、9時始業ギリギリに滑り込み、朝礼後は喫茶店に直行。

そして、そのままランチまで過ごして、動き出すのが14時過ぎという、まるで漫画のようなサボリーマンです。

日報は嘘ばかり、自分ばかりか同僚まで引きずり込むタチの悪さ。

黎明《れいめい》期の人材業界とはいえ、そこまでサボっていれば成績も上がりません。

「人生は頑張っても報われない。生まれ育った家庭、環境で勝負は決まっている。同じ給料ならサボった方が得と、適当に口八丁手八丁で面白おかしく生きよう」という考えが根底にあったと思います。

そのうち会社のガンと呼ばれ、親会社に出向転籍を命じられます。

通常、親会社行きといえば栄転ですが、このグループでは地獄行きを意味します。ワンマンオーナー直轄の新規事業責任者。

ダメならクビ。事業内容は京セラのソーラーシステムを販売する代理店事業でした。

ソーラーシステムのこともまったく分からないし、一般消費者相手のビジネスも初めてなので「適当にやって、ダメなら早々と退散しよう」と寮の玄関にいつでも立ち去れるように荷物をまとめていました。

事業部スタート早々、京セラの営業担当から「京セラの製品を扱うには、スペックや技術的なことはもちろん、京セラという会社の思想や数値管理の仕方、心の在り方を学んでいただかないといけません」といわれ、面倒臭いな〜と思いながら、いわゆる京セラフィロソフィー、アメーバ経営のエッセンス的なことを教わりました。それまでビジネス書など一切受け付けなかったのですが、このときは不思議とスッと入ってきました。

そして仕上げに「心の在り方」のレクチャーを受けました。

数々の実験を通して、潜在意識の存在を明らかにし、心の在り方を正しいものにするという内容でした。

世に拗ねて、捻《ひね》くれて、何ごとも斜めに見ていた私に突きつけられたのは、驚きの実験結果。思いや言葉の使い方で現実が変わっていくのです。

受講者の中でも、一番反応が強く出て、顔から火が出るくらい恥ずかしい思いをしました（笑）。

その結果、考え方が180度変わりました。

「実現したいことを前向きな言葉で断定的に達成することをカラービジョンでイメージして、立ち塞がる艱難辛苦《かんなんしんく》にも感謝し一生懸命やり続ける！」と。

そこからは現場に出て実践です。

ソーラーシステムの営業成約率が30％前後といわれる中、ほぼ100％近い確率で成約していき、素人が記録的な営業成績を収めます。

その実績をもって、本業の人材ビジネスに復帰、入社3年目の29歳で子会社社長に抜擢《ばってき》されます。

その後、数社の子会社代表を歴任し、独立のために退職する直前の2003年には年収が入社時の5倍近くになっていました。

35歳で独立。幼い頃からの憧れであったファッション業界に特化した、人材サービス会社を立ち上げます。

完璧にイメージ通りのスタートアップに成功し、設立4年でトップ集団に食い込みます。

そして、英国の上場企業と資本提携した新会社をスタートさせ、業界初のサービスを次々と繰り出し、気づけばファッション業界特化の人材サービス会社では草分け的な存在になっていました。

あれだけ自己肯定感が低かった自分が潜在意識を活用したことだけで、ここまで来たのです。周りが「絶対に無理」ということも、自分が達成を信じきってイメージし、行動することで、必ず成就することを体験したのです。

つい最近まで、器の小さな私は、たとえ仲間であってもライバルに塩を送るような気がして、このメソッドを絶対に他人には教えたくなかったのですが、50歳を前に自社の従業員はもちろんのこと、以前の私のように本当は成功したいのに自分自身を信じられずに、燻《くすぶ》っている人たちの1人でも多くと共有したいと思うようになりました。

それからは速かったです。

すぐに社内での研修実施、経営者仲間を集めてのセミナーを複数回実施。受講満足度100％の結果に自信を得て、満を持して一般社団法人国際メンタルイノベーション協会の発足に至ります。

そして、さらに多くの方々とこの潜在意識の活用法を共有したいと強く思い、本書を出版する運びとなりました。

トップアスリート、カリスマ経営者たちから学ぶ
未来を切り開く無敵の思考術

一流たちの潜在意識2.0

◉

目次

第三章　トップアスリートの潜在意識

第四章　潜在意識と映画

第五章　経営者と潜在意識

第六章　自己啓発と潜在意識

第七章　近年話題になったことと潜在意識

第一章

潜在意識とは

すべてを潜在意識に任せよう

人は皆、幸せになるために生きています。幸せの基準は人さまざまですが、簡単に言えば「なりたい自分になる」ということではないでしょうか?

幼い頃から、自分の思い通り、計画通り、努力が報われて、なりたい自分になっている人はとても幸せだと思います。

でも、そんな人は一握り。

大多数の人は、正しい努力や善い行いをしても、なかなか報われない。

先達の名言があります。「因果応報《いんがおうほう》は必ずある。善い行いをしても、すぐには報われないかもしれないが、何十年というスパンで考えると必ず帳尻が合うようになっている」

勇気をもらえるような話ですが、実際は努力しても努力しても結果がついてこないと痺《しび》れを切らして、嘆《なげ》き、諦《あきら》め、開き直る、といった下降線を辿《たど》っていく人が多いと思います。

その結果、なりたい自分になることを諦め、将来に希望がなくなると、毎日頑張るのがつらくなります。

精神衛生上、今の環境からいったん逃げるのもアリだと思いますが、普通の人は、生活や家族のためにそんなに簡単に逃げることができません。

つらいことを毎日我慢していると、寝る前に悩み、いろいろと考えを巡らせ眠れなくなります。実はこれが最悪の行為で、潜在意識の蓋が開く寝入りばなに悩むと、悩みが潜在意識に強く刻まれ、悪い状況が実現されてしまいます。

多くの人々のこうした否定的な思いが潜在意識を通して宇宙に伝搬《でんぱん》していき、宇宙いっぱいに歪《ゆが》んだエネルギーが広がってしまっているのではないか、とさえ考えてしまいます。

さらに眠れない日が続くと精神を病んでしまいます。いわゆる〝うつ〟状態です。夢や希望を諦め、苦行に耐え、将来に抱いた不安が現実となって襲いかかる、不眠、うつ……正に負の連鎖です。

能力的には決して低くない、いやむしろ人一倍ストイックに物ごとに取り組む人が、なかなか思い通りの人生が歩めなくて、不幸な結果になってしまうメカニズムがここにあります。

先行き不透明な時代をどう生き抜くか

現代は、先行き不透明な時代です。

世界の大国に強権的なリーダーが誕生し、政治、経済共に世界規模で大きな影響を受け、不安定になっています。

また大規模な自然災害の発生などが人間社会を脅かしています。

そして、今や日本の社会は個人を支えてくれません。

年金受給年齢の引き上げや年金の減額。

今、寿命１００年時代が到来しようとしているのに、社会保障は逆行して手薄になっていきます。

定年の延長や、現役世代への副業の解禁を企業に求めているのは、社会保障に頼らずに個人で自分の人生を乗り切ってほしいという国からのメッセージと捉えられます。

少し前までは、学歴があり、大手企業に就職すると、よほど間違ったことをしなければ、人生を幸せに全うできたものです。

ところが最近は、こうした人生を歩める人は限定されるようになってきました。

表面的には、生活を楽しんでいるように見える人たちも、実際は、先行きの見えない不透明感、閉塞感《へいそくかん》に苛《さいな》まれている人が多いのではないでしょうか。

「仕事はある、今は健康だ、でも明るい未来が見えない」など、得体の知れない不安感が世の中の空気を作っています。


「働く」のは、単に収入を得るための手段、または、余暇を楽しむための手段であるから、適度にマイペースで働こうと考える人も増えています。

しかし、これは本来の人間の姿ではありません。

「働く」ということはもっと大きな意味があり、自分がしたいと思う仕事を、人として正しい方法で「ど真剣」に向き合っていく。

その過程、生き方が人間性を向上させ、その人を磨いていく。

その結果が評価され、世のため人のためになり、必要とされる存在になる。

それこそが、人がこの世に生を受けた本当の意味なのではないでしょうか。

そのような生き方ができている人は、とても幸せなはずです。

ただ流されるように惰性《だせい》と諦めで生きていませんか。

本当の自分はどうなりたかったのか。

どうありたかったのか。

自分自身が、元々、心に描いていた夢やビジョンは既に自分の潜在意識に刷り込まれています。自分自身を信じ切って、素直にその道に打ち込めば必ず人生は好転します。

本当の成功や幸せになることとは、社会的な地位が向上するとか、収入が上がるといった世俗的な意味だけではありません。

自分らしく生き、自分なりの幸せを実現する。それが、私たちのいう成功です。

他人と比べることはないし、社会に振り回されることでもありません。

この世に同じ人が2人として存在しないのと同じように、幸せも人の数だけ種類があるのです。

その各々の幸せを実現させるために、潜在意識を活用して人生を好転させる方法を自分のものにしなければならないのです。

自分はどのようになりたいのか。どうありたいのか。

一度、静かな場所で目を閉じて呼吸を整え、深く、深く考えてみてください。

そうすると潜在意識に潜んでいた本当の自分の願望、それも人として正しい純な想いに到達することができます。

さらに願望を成就するには、どう生きていくべきかの答えが示されています。

潜在意識に意識的にアクセスすると、自分がなぜこの世に生を受け、どういう役割で、何をすべきか、などの存在意義が明確になります。

そのときに今までに起きたすべてのでき事、出会いが1本の線でつながり、必然であったことが理解できます。

方向性が明確になったなら、あとは幸せな人生の実現に向かっていくだけです。

現在、自分でも納得のいく人生を歩んでいる、順調になりたい自分に近づいているという方には、更なる成長や進化を。または、自分の力が信じられなくなり、停滞気味の方には、本当の自分はすごい、何にでもなれる、ということを確信させてくれるのが潜在意識の偉大な力です。

2つの意識

昨今の自己実現、起業ブームなどの影響からか、成功哲学や潜在意識を勉強しようとする方が増えています。

セミナーの参加者に「潜在意識を知っていますか?」と質問すると、ほとんどの人が「はい」と返事をされます。

とはいえ、潜在意識について、正しく認識し、活用できている人となると、ぐっと数は減ります。

まず、人の意識は、顕在意識と潜在意識の2つに分かれることを、しっかりと覚えてください。

顕在意識は自分で認識できる意識のことです。皆さんは今、この文章を読んでいることを自覚しています。

顕在意識はこのように自覚できる意識のことで、分かりやすくいえば「自分の意思でコントロールできる意識」と言い換えられます。思考の表面に出ていることから「表面意識」や「有意識」ともいわれます。

一方、潜在意識は、自分では認識できない意識。「無意識」ともいわれます。

自分でコントロールすることができない上に、存在そのものが沈潜《ちんせん》しているので、潜在意識という言葉は知っていても、それがどういったものか理解できていない人がほとんどなのです。

でも、これは無理もありません。潜在意識が研究されはじめてから時間がさほど経っておらず、わずか百数十年です。

潜在意識は、まだまだ研究途上の領域であり、その力たるや、計り知れない可能性を持っているといわれています。そして、人には無限の可能性が潜んでいるといわれているのです。

それでは、潜在意識と顕在意識は、それぞれ意識全体のどのくらいを占めているでしょうか。意識全体を100％とすると、顕在意識と潜在意識の割合は何％になるでしょうか？

潜在意識を研究している心理学者の学説など諸説ありますが、大体顕在意識が5～10％、潜在意識が95～90％という割合であるといっています。

潜在意識の予備知識がない人は大変、驚かれたと思います。人は実生活で自分が意識できるところで考え、選択、判断し、生きていると考えています。

自覚できていない意識の方が90％以上で、自覚できる意識が10％以下だとは、受け入れにくいことかと思います。

どちらからといえば、「その割合は逆じゃないのか？」と考える人も多いのではないでしょうか。その疑問に対して説得力のある考察が過去の書籍にあり、セミナーでも、潜在意識と顕在意識の割合を裏付ける理論として共有しています。

それは次のようなものでした。

まず「自分の体の中で、自分の意思で自由に動かすことができるところ、認識できるところはどこか？」という問いです。

考えてみると、目・口・手・足・五感（視覚・聴覚・味覚・触覚・嗅覚）くらいです。なんと自分の体で、自由に動かせるところ、認識できるところは、わずかこれだけなのです。

では、人の生命活動を担っている心臓を中心とした臓器、内臓は誰が意識して、誰の意思で動かしているのでしょうか？

自分の意識や意思ではないことは分かります。

どれも自分の意識や意思とは関係なく、人が生を受けたその日から天に召される人生最後の日まで、ひとときも休まず動き続けてくれます。

この偉大な仕事は潜在意識が担っています。

人は意識（顕在意識）を失うことがイコール死ではありません。なぜなら、こん睡状態から意識を回復し、蘇生した例は珍しくありません。

顕在意識が心臓や臓器、生命を維持する活動を担っているならば、少し意識を失うだけで死に直結することになります。だから、生命を維持する活動に直結する心臓や臓器の働きなどは潜在意識が担っているわけです。

よく、氷山の一角といいますが、海上に見えている氷は実は全体のわずかであって、海中にはその何十倍もの氷が潜んでいます。

海中の見えない部分の方が、はるかに割合が大きいのです。

意識も同じで、私たちが自覚できている意識（顕在意識）は意識全体の5～10％程度しかないということを認識してください。同時に、数十倍もの可能性を持つ潜在意識の存在もはっきりと認識してください。

実際、潜在意識の活用法を知る前と後では、私自身がそうであったように、別人のように人生が大きく変わります。それまで、凡百の、いやどちらかというと他人より能力が劣っていた人が、飛躍的な好成績を収めたり、起業して会社を発展させたりという例が報告されています。

潜在意識は、その人の意識の中にあるものです。

私自身は、それに気づき、活用法を実践しただけで、人生が好転しました。誰もが有している潜在意識を活用すれば豊かな人生が歩めることを知っていただきたいのです。

潜在意識を「見える化」する

潜在意識に関する書籍は書店に行けば本棚に数多く並んでいますし、潜在意識について学ぶセミナーやスクールも数多く開講されていますが、潜在意識を活用して成功者になる人は一部に限られてきます。

それは、潜在意識の活用に限ったことではなく、物事の成就すべてに共通していえることですが、知識を得ただけで、行動に移していないのです。

潜在意識に関する書籍を読み、セミナーに参加して知識を会得しただけでは事態は何も変わりません。

むしろ、知識やメカニズムを理解していなくても、その人の夢や願望に向かって行動に移した方が人生は好転していきます。

では、なぜほとんどの人は行動に移さないのでしょうか？

おそらく、従来の書籍やセミナーのほとんどが潜在意識の活用法にまで詳しく言及しておらず、具体性に欠けるからだと考えられます。


そこで、私たちは潜在意識を「見える化」する実証実験を徹底して行い、セミナー参加者に体感して完全に納得してもらうようにしています。

企業研修として導入していただくケースも多く、セミナー実施後には、受講した社員の方々が潜在意識の存在を認識し、また潜在意識の底知れぬ力に驚きを隠せない様子です。やはり実証実験で体感すると説得力は強大です。

潜在意識の底知れぬ力に一度でも触れると、潜在意識の力を活用して願望を成し遂げようと考えはじめます。

そこからどんどん人生が好転していきます。面白いくらい目標を達成し、夢がかなうようになり、自分自身も自分を取り巻く世界も劇的に変わっていくのです。

潜在意識の「見える化」は、キネシオロジーをベースにしています。キネシオロジーという言葉は、ギリシャ語のキネシス（動き）、ロギア（研究・学問）から来ていて、私たちはこのキネシオロジーを発展させた筋肉応答法に着目し、潜在意識の「見える化」実験に使用しています。

筋肉応答法は、「体が有害な刺激を感知すると筋肉が即座に弱くなり、反対に体にいいものを感知すると筋肉が即座に強くなる」という発見に基づいたものです。つまり、体の動きには、潜在意識の力が多く反映されていることがはっきりと実証、体感できるのです。

潜在意識を徹底活用する3つのツール

顕在意識で強く願う、が第一歩です。顕在意識と潜在意識の関係性は、完全な主従関係にあり、いわば顕在意識はワンマン会社の社長、潜在意識はその会社の社員だと置き換えられます。

潜在意識は顕在意識に対して非常に忠実であり、顕在意識の指示に従うことはもちろん、顕在意識がこうしたい、こうなりたいと思っていることまで察知し、それらを実現に向けて動きだします。

夢や願望を手に入れたいならば、まず、顕在意識で「こうなりたい」と想うことが大切です。

次に、その想いを潜在意識に正確に、効果的に伝える方法が重要になってきます。同じ夢や願望を持っていても、叶う人、叶わない人に分かれるのは、潜在意識に伝える方法が正しいか、間違っているかの違いなのです。

潜在意識に顕在意識の想いを正確に伝え、潜在意識の力を徹底活用するためには、次に紹介する3つのツールを使いこなすことが重要です。

1　言語・イメージ化

言語とイメージ力が人類を生き物として発展させた

世界的な大ベストセラー『サピエンス全史』。

アフリカで暮らす、どちらかというとヒト科の中では弱者であったホモ・サピエンスがなぜ食物連鎖の頂点に立ち、文明を創り、地球を支配するまでに至ったのか。というのがテーマです。

それは、「フィクションを信じる力」に答えがあると著者のハラリ氏はいっています。伝説、神話、神々、宗教、国家、法律、会社など、サピエンス以外の生き物にはまったく不可能な空前絶後の能力が7万年前に遺伝子の突然変異による認知革命によって備わったのです。

サピエンスは他の動物と違いフィクションや仮説をイメージし、それを複雑な言語を使って仲間と共有し、社会集団を構成する人数を増やしてきたのでした。

その結果、脳の大きさや体の強靭さはネアンデルタール人の方が上回っていたのですが、組織力で他の生き物や最後のライバルであったネアンデルタール人に勝ったのです。

つまり、サピエンスは認知革命によって手に入れた想像力に加え、言語を使えるようになり、事実を伝えるだけでなく、願望や現実になっていないイメージまで他人や集団、そして自分自身への潜在意識にも伝達できるようになりました。それが、急速な発展の原動力になったことは間違いありません。

そういった願望やイメージは多くの人に共有され、潜在意識へと透徹《とうてつ》し、あらゆる不可能が可能へと実現してきました。

認知革命以前は、実在する物事の情報しか共有できず、潜在意識も身の危険を回避するためだけに使用されていたと思われます。

人類はたった7万年前の原始の草原から、ＡＩが主導する世の中へと発展を遂げてきました。その理由は、願望を叶えるには、まず想い、信じきるということが重要であると、歴史的事実としても証明されているのではないでしょうか。

ちまたでは「願望が実現しない」とか「目標が達成できない」といった声が聞こえてきますが、それは願望を達成させる想いが足りないのではないかと思えてきます。

サピエンスの末裔《まつえい》として、しっかりと願望を心に描き、潜在意識の力を活用して実現させていきましょう。

「完了形」の重要性

イメージというのは形がないので、慣れていないと潜在意識に透徹するほどのイメージの持ち方が分からないかもしれません。

ですが、言葉の使い方を変えることなら、今すぐにでもはじめることができます。それには「完了形」を使うことです。

これは効果が絶大です。

「私は自分のお店を持つ」というよりも「私は自分のお店を持った」という方が効果絶大なのです。

夢は将来実現させたいと思っていることなので、完了形で夢を言葉で表すとイメージが湧いてきて、映像化されやすくなります。

大事なことは、言葉はその単語自体に影響力があるので、文章としては前向きな内容になっていても、悪い要素を持った単語を使ってはいけないということです。

たとえば、病気を患ったら「病気が治りました」というふうに病気という単語を使うのではなく、前向きかつ良い言葉を使った完了形で「私は健康になった」と表現します。

あるいは前向きな言葉を書いた紙を家中に掲示する。手帳に挟んで、それを四六時中、読み上げるようにしましょう。

来る日も来る日も四六時中、夢や願望が達成されたと完了形で表現しているうちに、潜在意識が本当の成功者になったと認識しはじめ、自覚が生まれ、言動、行動、態度、考え方、顔つきまでが成功者らしくなっていき、周りとの関係が変わりはじめ、本当の成功者へと導かれるのです。

私も完了形を使った潜在意識の働かせ方を体得してからは、会社の朝礼後など社員が揃っているときに、「今日は最高の営業結果だった」と、まだ結果が出ていない未来を最高の形で完了したと表現するワークをよく実施していました。

これは、成功イメージを潜在意識に認識させる手軽な方法であり、朝から組織全体が前向きな空気で満たされます。

なぜ「○○したい」では弱いのか

潜在意識に顕在意識の願望を伝えるとき、一般的には「○○になりたい」「○○したい」と未来形や願望形になることが多いです。

「成功したい」「一番になりたい」「幸せになりたい」「健康になりたい」というように。

メンタルのトレーニングを積んでいるトップアスリートでさえ、テレビのインタビューを聞いていると「次は頑張りたいです」と答えているので、一般の人が多用するのは無理もないかもしれません。

しかし、これでは潜在意識を活用するには力が弱いのです。

「○○したい」という言葉を使うとき、その前提に「現状は○○ではない。だから○○になりたい」という状態を認めていて、「○○になりたい」と言いながら、顕在意識には「現状は○○ではない」というイメージを残してしまっているのです。

すると潜在意識には顕在意識に残っているトーンダウンしたイメージが伝達し、中途半端な願望を実現しようとしてしまいます。

懸命に願望をイメージして潜在意識に浸透させているつもりが、今一歩及ばず、停滞し、願望が実現されません。

100%自分自身を信じきる

夢や願望をイメージするときは、誰に遠慮することなく、自分自身とその達成を信じきることです。

他人とのコミュニケーションにおいては、謙虚さや遠慮、配慮が必要ですが、自身の夢や願望の達成を自分の思考の中で断定的にイメージしたところで誰に迷惑がかかるでしょうか?

人はいつから、誰の影響を受けてそういう思考になるのかは、分かりませんが、「自信がないけど、そうなれたらうれしい」「できればこうなりたい」というような謙虚な思考も要注意です。

「私のようなレベルでも、できればそうなりたい」という願望は、控えめで謙虚なように思えますが、その思考の奥にあるものは「無理そう」「失敗しそう」というネガティブな思い込みなのです。

潜在意識は顕在意識で考えた本当の想いを絶対に見逃しません。その結果、このネガティブな思い込みを実現するわけです。

自分で勝手に限界を決めて、自分は大した人間ではない、平凡で人並み、普通の人生が歩めたら御の字、などと普段から思い込んでいれば、潜在意識はそう思ったまま実現します。平凡が決して悪いわけではありませんが、人並み以上になりたいという願望があるならば、そのような考え方、想いでいると、なりたい自分からどんどんかけ離れたものになっていくでしょう。そして下手をすると、人並みにもなれない可能性も出てきます。

自分自身を信じきり、未来を完了形で断定し、夢を実現したイメージを繰り返し強く想い、ネガティブなイメージを完全に払拭《ふっしょく》しなければいけないのです。

2　腹式呼吸

呼吸には2種類あり、腹式呼吸と、そうでない胸式呼吸があります。胸郭《きょうかく》を動かして肺を広げたり縮めたりして呼吸を行うのが胸式呼吸、横隔膜《おうかくまく》を動かして行うのが腹式呼吸です。人が立っている状態では胸式呼吸で、横になると腹式になります。

呼吸は止まってしまうと死に至るきわめて重要な生命活動なので、普段は自律神経が司っており、睡眠時や昏睡状態になっても止まることはありません。

つまり呼吸は潜在意識のコントロール下にあるわけです。

それと同時に、呼吸は意図的に深呼吸をしたり、息を止めたり、顕在意識でもコントロールできるのです。

このように、潜在意識と顕在意識の2つの意識が互いに関わり合っている生命活動は、きわめて特別なものです。

ですので、この性質を生かして呼吸のコントロールを意識的にすることにより、顕在意識の想いを強く、速く潜在意識に伝達させ、想いを実現させるということができます。

その場合、腹式呼吸が効果的だといわれています。

なぜなら、腹式呼吸は胸式呼吸の8倍量の空気が肺に入り、4倍量の酸素が脳に供給されるといわれています。それだけ脳がリラックスし、活性化を図れるのです。

3　感謝する心

潜在意識を活用するツールの中でももっとも強力なのが「感謝する心」です。

夢や願望が叶うように、自分自身を信じきり、腹式呼吸を行い、潜在意識に想いを伝達させやすくするとき、そこに恨みや怒り、憎しみといった負の感情が入れば、想いは叶うどころか、正反対の結果がもたらされてしまいます。

夢や願望は、今日願ったからといって、短期間で叶うとは限りません。ときには回り道をし、何年もかかって実現することも珍しくありません。すぐに事態が好転しなくても、それは必要なプロセスであることが多いのです。

でも、それに耐えられない人が世の中には多く、私も以前はそうであったように世に拗ね、人を嫉み、すぐに物事を諦めてしまいます。

そういった感情は負のエネルギーが大きく、夢や願望が実現するわけがありません。対照的に大きなプラスのエネルギーを持つ感情もあります。それが「感謝する心」です。

私たちは天文学的な確率の低さでこの世に生を受けています。

世の中に無数の男女がいる中で、両親が出会い、愛し合い、1つの生命が誕生します。数億個もの精子の中のたった1つが受精した結果です。

誰の意思で生を受け、この世に出現できたのか。宇宙の意思としか考えられません。そう考えただけでも、生命はいかに貴重でありがたいものかが、痛感できるはずです。それを思えば、自然に「ありがたい」という言葉が口をついて出るはずです。

その生命はどんな想いも実現できる潜在意識に支えられているのです。

こんなありがたいことはありません。今、こうしてさまざまなことに悩みながらも、この世に存在していること自体に深く感謝しましょう。

言葉は想いを連れてきます。今の状況に「ありがとう」と言った後、どんな気持ちになりますか。

さらに嫌なでき事や嫌な人物を思い浮かべて「ありがとう」と言ってみてください。どうですか。

心に平穏が訪れ、前向きになりませんか。

夢や願望が達成されるときは、そのような心の状態のときに近づくのではないでしょうか。

真の成功とは心の状態です。

既に心が成功した状態であれば、後は物理的に実現していくだけです。

当たり前ですが、成功状態にある人は確実に成功を再現していきます。

潜在意識も回り道を用意する

想いは必ず実現することは間違いないのですが、ときに潜在意識は回り道を用意します。潜在意識は、想いを実現するために、あえて挫折や失敗を組み込むことがあるようなのです。

私の人生は潜在意識の活用法を知ってからは快進撃ですが、実はずっと順風満帆だったわけではありません。

人材サービス会社のサラリーマン時代、子会社の社長に抜擢されたとき、ことごとくイメージ通りに物事が実現していくので、調子に乗って与信的《よしんてき》に厳しい会社と大口の取引をし、売掛金を焦げ付かしてしまいました。

売掛金の未回収は重罪に値する企業文化だったので、せっかく就任した子会社代表の座も即解任されました。厳しい会社でしたので、ペナルティは、日雇い派遣の現場スタッフとして働くことでした。

誰もが私が会社を去ると思っていたのではないでしょうか。

しかし、潜在意識の活用法を知っていた私は、感性的な悩みをせず、現状に感謝し、カムバック後の成功イメージばかり考えていました。

「これは自分でプログラムした試練だ。未熟な自分のレベルを上げるための必要な行程だ。むしろ感謝しないと」。以前の私であれば、現場に従事することなく、不幸を恨んで去っていたでしょう。

それが「困難に感謝をする」心境になれたのです。カラ元気などではなく、心は落ち着き、再起を具体的にイメージしていました。

実際にこのときに触れ合った現場の派遣社員との同じ目線での交流が、その後の派遣会社の経営に生きています。

日雇い派遣社員として従事すること6ヵ月、給与も現場水準になっていたので、もう生活的には限界かな、と思いながら31歳の誕生日を迎えていたときです。

グループのオーナーから呼び出しがかかりました。

「お前に新しい仕事用意しといたったぞ」

新規事業の責任者としてカムバックです。

潜在意識は、困難や障害を取り除いてくれるわけではありません。

成長や学びのために必要な困難や障害はこれからも降り注ぐことでしょう。

しかし、それを乗り越えて、イメージ通りの自分に近づける力が潜在意識にはあります。

起業をしてからも、幾多の困難がありました。まず、スタートアップ自体が困難です。リーマン・ショック、派遣法規制強化、東日本大震災、経営にマイナスのインパクトを与えるでき事が次から次へとやって来ます。

でも大丈夫なんです。

「すべてを潜在意識に任せよう」と、困難を乗り越えるために、ありとあらゆる具体的な手はすべて打ちます。

その上で、潜在意識の蓋が開く食事のとき、排泄のとき、呼吸をコントロールしているとき（腹式呼吸）は必ず理想の状態をイメージします。

１日の最後、眠りにつくときは、そのイメージだけ描いて「すべて潜在意識に任せて」寝る。一切、悩みません。その結果、現在、マーケットが縮小する人材業界において、買収ではなく、自助努力で売り上げ前年対比を１００％以上達成し続けています。

私たちのような小さな存在でも潜在意識の力が発揮されますが、潜在意識活用の大先達である稲盛和夫さんも、こんな経験を持っています。

京セラの大きな飛躍となったＩＢＭから大量の部品製造の発注は、当時の京セラの技術水準をはるかに超えたものでした。

何回取り組んでも、うまくいかず弱気になる社員に対し「神に祈ったのか」と叫んだそうです。

できること、考えられることをすべて全身全霊で行い、それでも発注されたものが基準に達しなくても「神に祈って」でも諦めない。ダメでも諦めない。「絶対に成し遂げてやる！」という強い意志を持つこと。

このような強烈な願望と誰にも負けない努力の結果、ついにＩＢＭの要求する技術水準をクリアし、その結果、京セラの大躍進につながったのです。

将来は必ず成功し、失敗をも成功への必要なプロセスだと信じ、自分を信じ切り、力強く失敗を乗り越えていく。成功に至る道は、その先にしかないのです。

第二章 哲学者が解説する潜在意識

フロイトと潜在意識

フロイトは、心理学、精神医学において多大な功績をあげた人物で、その名は多くの人に知られています。

フロイトは、「無意識（潜在意識）」の概念を初めて意識し、人の行動は無意識によって左右されていると提唱しました。

その後、「無意識」の概念は、ユング、アドラーなどに影響を与え、さらに深く広まっていきます。

あらためて、脳科学が発達していない時代にフロイトは、「無意識」をどう考えたのか、そして脳科学的にみた「無意識」とはどのような状態か、また「無意識」が行動に与える効果について考えてみたいと思います。

フロイトの「無意識」とは？

フロイトは人の心の構造は、「意識」「前意識」「無意識」の3つの構造（階層）から成るという考えを初めて提唱しました。その後、思索を重ね、人の心の機能（行動をコントロールする機能）は、「エス（イド）」「自我」「超自我」という3層構造を提唱しました。

- **「意識」とは、自分がしている行動や、考えていることを自分自身が理解し、自覚していることです。**
- **「無意識」とは、自分で自覚できていないことですが、まったくの「無」ではなく「意識」によって心の奥底に押し込められて「意識」ができていない状態のことです。**
- **「前意識」とは、「意識」と「無意識」の中間にあって、普段は自覚できていないが、思い出そうと努力したり、他人から指摘されたりして自覚（意識）できることです。**

そして重要な点は、一般的に私たちはすべてを意識して、自分で考えて行動していると思っていますが、「無意識」が人の行動・考えに影響を与え、左右しているということです。

その例として、私たちは食事や勉強を意識してはじめても、無意識に好きな食べ物を選んで食べたり、好きな科目や得意科目からはじめたりと無意識な行動をたくさんしています。

この無意識を我々は潜在意識と呼んでいます。

なお、「無意識」とは、たとえば、「靴は無意識で常に右から履く」あるいは「食べるとき、はしは意識しなくても右手に持つ」などの無意識は、「学習した習慣」によるものであって無意識とは異なります。

「エス（イド）」「自我」「超自我」とは

「エス」とは、本能的・生理的な欲求で、人としての活動や行動を起こさせる意欲の源泉となります。人の3大欲求の食欲、性欲、睡眠欲のほか、自分の欲求や自分を不快にする者を攻撃する欲求、金銭や物に対する欲求、嫌なことを拒否する欲求などが含まれます。

- **「超自我」とは、倫理《りんり》や道徳を重んじ、よいことをするようにすすめ、悪いことはしないように抑制《よくせい》します。**
- **「自我」とは、「エス」と「超自我」を調整し、現実や状況にあわせてバランスをとる働きをします。**

フロイトは、この3つは連携して作用し行動をコントロールしていると考えました。「無意識」でも行動を起こす源泉となる「エス」とは、人が本来持っている本能的、生理的、快楽的などに対する欲求だけではありません。

たとえば、好きな食べ物や好きな科目があると無意識にできるように潜在意識に植え付ければ、意識しなくても行動できて、その行動は成功を引き寄せる可能性を高めるでしょう。

ユングと潜在意識

フロイトとほぼ同時代に生きたユングは、フロイトとともに人間の心の深層、無意識（潜在意識）が人間の行動に影響することを研究した心理学者であることはよく知られています。

フロイトは、「潜在意識（無意識）」があることを発見し、ユングは無意識に「個人的無意識」と「集合的無意識」があることを発見しました。

フロイトもユングも精神科医として患者を診た臨床経験の中からその存在を発見していま す。「無意識」の概念は日常会話でもよく使用することから、どのようなものかは多くの人が理解しています。

しかし、「個人的無意識」と「集合的無意識」については、用語自体を聞いたことも少なく、どう違うのかまではよく分からないのではと思われます。

そこで、「個人的無意識」と「集合的無意識」とは何かについて解説します。また、「集合的無意識」をうまく活用すると何を起こせるかについて紹介します。

ユングが考える「意識」と「無意識」とは？

「個人的無意識」「集合的無意識」の解説の前に、ユングは「意識」と「無意識」の関係を重視していることから、その関係についてまず理解しておきましょう。

ユングは、精神科医としての臨床経験から人は意識できていることだけで行動していると考えるだけでは説明がつかない行動をする人や、説明がつかない精神状態になっている人を多数診断します。

その結果、「意識」ではないもの、つまり「無意識」が行動に関係していると考えます。分かりやすく言うと、私たちは真面目な人がある日ギャンブルや女性に溺れたり、おとなしいと思われていた人が暴力的な行為に走ったりするのを見て驚くことがあります。

表面的には立派な社会人として行動しようという「意識」をもって行動していても、抑えられている気持ちを解放させたいという「無意識」があるとその行動が出てしまうことがあります。

ユングは「意識」と「無意識」は、相反しながらバランスをとって互いに補完し合っていると考えました。また、「意識」に対して「無意識」が存在する領域ははるかに広いものであると主張しました。

「個人的無意識」・「集合的無意識」とは

ユングは、さらに「無意識」には「個人的無意識」と「集合的無意識」があることを発見しました。

「個人的無意識」は、個人に依存した無意識です。個人的に受け入れがたい嫌な思いなどは、「個人的無意識」として心の奥深くに刻み込まれやすくなります。

一方、世界の神話や宗教などに共通性があることから、人種や時代、地域に関係なく人類が共通に持っている無意識があることを見いだしました。

その無意識を「集合的無意識」を呼び、「個人的無意識」よりもさらに奥深いところにあり、古代から引き継がれ、将来にも引き継がれるとユングは考えました。

「集合的無意識」を活用するには

「集合的無意識」は人類普遍の無意識であることから、ユングは、「人は集合的無意識でつながっている」と考えました。またユングは、意味のある偶然の一致として「シンクロニシティ（同時発生）」を提唱。

分かりやすく言うと、「虫の知らせ」がまったくの偶然ではなく意味を持っていると考えました。「親の死や大ケガをしたとき、離れた場所で胸騒ぎを感じた」「いないと思って悪いうわさ話をしたら、本人がすぐ現れた」など、多くの人がシンクロニシティを経験しています。

人がつながっていることから起こるシンクロニシティも、集合的無意識による働きと考えられます。

シンクロニシティを否定して、これらはまったく意味を持たない偶然がなせる一致と思って無視するのは、「あなた次第」です。

シンクロニシティの悪い、不吉な例をあげましたが、もちろんいい事例もあります。

たとえば、事業に成功した人は成功の理由として「いいタイミングで協力者、支援者に出会えた、あるいはいい情報をもらえた」などと振り返る人が多くいます。

シンクロニシティを意味のあることと考えて潜在意識に「夢や願望」を強く意識付けるここ

とで、関連する人に出会えるチャンスが広がると考えられます。

また、潜在意識に強く意識させられていないと運命の人に出会えても、ただすれ違ってしまうだけに終わる可能性があります。

夢や願望を強く思い込むことは簡単です。運命はそういう人に強く、確実にほほえむに違いありません。

アドラーと潜在意識

アドラーは、心理学、精神分析においてフロイト、ユングと並ぶ偉大な功績を残し、その後の研究者に多大な影響を与えた人物です。

数年前に、アドラーの思想を解説した書籍『嫌われる勇気』がベストセラーになったことでも有名です。アドラーは、フロイトが発見した無意識（潜在意識）の概念を継承しながら、フロイトとは異なる理解をして「幸せになる」あるいは「夢や希望を実現させせる」には勇気があれば良いと主張しました。

アドラーを理解すると対人関係もよくなり、悩みも悩みでなくなる考え方ができるようになります。アドラーの考え方がどのようなものかについて解説します。

アドラーの無意識の概念に対する考え方

フロイトは、幼児期のトラウマや、過去に抑圧された欲求などの個人の無意識が原因となって、人の行動に影響を与えるという「原因論」を提唱しました。

一方アドラーは、人は過去の「原因」に動かされて生きているのではなく、今の「目的」を実現するために生きているとフロイトの「原因論」を否定して「目的論」を提唱しました。

そして、夢や希望を実現できず、また幸せになれないのは、トラウマや過去の抑圧された無意識を理由にして「変わらない、変われない」と、今の自分を変える「勇気」が足りないからだと主張しました。

つまりアドラーは、「会社や学校に行きたくない」と考えるから、無意識の中にあるトラウマなどが記憶から呼び起こされて理由にされるのだと考えました。

アドラーを理解してポジティブに生きて夢や願望を実現する

①今に疑問があるならとにかく何かをしてみる！

今、「幸せでない」「夢も希望もない」などと思っていて、そう思う原因に思い当たるならアドラーは次のように言うでしょう。

「どうして」という原因を気にしないで、「何かをしたい」という「目的」を考えて、どうやって「目的」を実現できるように生きようかと考えることが大切だと。

だれにでも、したいこと、なりたいこと、実現したいことがありますから、できない理由・原因を無視してとにかく目的を作って、何でもいいから何かをしてみることです。

②やる気がでないときは心に真の原因を問おう！

「眠いから起きたくない」「勇気がないから好きな人に告白できない」「今日は疲れているから明日にしよう」などと、私たちはよく理由をつけてやるべきこと、やらねばならないことを、やらなかったり先延ばししたりします。

しかし、大半は本当の原因が別にあるのが一般的です。

「眠いから」は、本当は会社や学校に行きたくない理由があるから眠いことを理由にしているだけです。「勇気がないから」は、振られたら自分が惨めになるからというのが本音です。

「疲れているから」は、ただ楽をしたいからもっともらしい理由を見つけて言っているだけです。だから、やる勇気を持てると人生を変えられます。

アドラーは、本音を目的と考えて目的を実現するために勇気を持って行動することをすすめています。素直に真の理由＝目的に向かって少しずつ「どうやって生きよう」と考えて、やれることをしっかり実行することが重要と言っています。

③劣等感《れっとうかん》は「やる気の強いエネルギー」を生む

おそらく劣等感の少ない人はいても、劣等感に無縁の人はこの世の中にはいないのではと思われます。

しかし、劣等感があることで、それを克服しようという意欲が湧いてくることも事実です。劣等感がまったくないと進歩が止まってしまいます。

また、劣等感からあえて目をそらして無視することも、同じ結果になります。

強い「やる気のエネルギー」生むため劣等感を持つ、あるいは意識することは決して悪いことではありません。

なお、劣等感に押しつぶされてしまう危険性があります。劣等感に押しつぶされないためには、自分自身を常に褒めてやりましょう。

たとえば、子どもが勉強しないからと親が怒って無理やりに勉強をやらせ、子どもが終わったときには、「褒めて、そして勉強を頑張ったことがとてもうれしい」と伝えると、子どもには次も頑張ろうという意欲が湧きます。

「よく頑張ったね」だけでは、子どものモチベーションはあまりあがりません。子どもに対するときと同様に頑張った自分自身に対して自画自賛ですが第三者として褒めて、頑張った自分に対してうれしい感情を強く持ちましょう。

「やっと終わった」だけで終わらせてはいけません。

できる理由を探す人間になろう

できない人間はできない理由をいろいろ探してきて並べ立てます。

しかし、できる人間はできる理由を探してやることを考えます。

アドラーも似たような意味で「実現したくても実現できないことや、やりたいと思ってもやれないことについて原因を探すのではなく、目的を探せ」と言っています。自分は何を実現したいのか、何をやりたいのかを自分自身に強く問うことで夢や願望に近づけます。

夢や願望が成功イメージで潜在意識に強く植え付けられていれば、より実現も容易になるに違いありません。

ジェームズ・アレンの著書『「原因」と「結果」の法則』

イギリスの哲学者ジェームズ・アレンの著書『「原因」と「結果」の法則』は、今から100年以上前の1902年に出版され、今なお全世界で売れ続けており、聖書に次ぐベストセラーの自己啓発書です。

人生を好転させて成功するために必要な考え方が書かれています。

デール・カーネギーをはじめとする欧米の著名な自己啓発本の作家に多大な影響を与え、アレンの後に出版された自己啓発書のほとんどが、この書籍に影響を受けていると言われています。アレンの著書『「原因」と「結果」の法則』の内容の紹介と潜在意識の関係について解説します。

人生はすべて原因と結果に従い偶然はない

アレンは、「心は創造の達人。私たちは心の中で考えたとおりの人間になる」と心の中の思いが人格をつくるとともに、心に思いがなければ夢や願望は実現できないことを冒頭で述べています。

また、人生が思うようにいかないとき、私たちは自分のことを棚にあげて、ついつい他人や周囲（環境）のせいにすることがあります。

しかし、アレンは「自分こそが自分の人生の創り手である」と述べ、すべては自分自身に原因があり、その原因が現在の結果を生んでいるとして「人生はすべて原因と結果に従い偶然はない」と言っています。

これは、現在の状況を作っているのは自分自身であって、他人や周囲（環境）は関係がないということです。

アレンがこの書籍に込めた目的は、人生に偶然はなく、「すべて内なる原因とその結果」「自分こそが自分の人生の創り手である」という真実に気づいてほしいということです。

今の自分を変えるためにやるべきこと

現在の状況、環境に満足できない、あるいは嫌だという人がいる、もしくは今の自分とは違う自分になりたいという人は多いことでしょう。

今の自分や置かれている環境を変えるための方法として、アレンは「自分の環境を直接はコントロールできないかもしれない。

しかし、自分の心の中の思いはコントロールできる。

よって、間接的ではあるが確実に環境をコントロールできる」と言っています。

環境が変われば自分も変われるのではなく、自分の思いを変えれば環境も自分も変えられるのです。そして、それを継続すれば、自分が思い描く未来に変えられます。

このことは、多くの成功者が言う「強い思い・信念があったから成功できた」という言葉につながります。

この書籍を読むことをおすすめしたい人

アレンは、この書籍以外でも含蓄《がんちく》のある示唆に富む言葉をたくさん述べています。

その言葉の持つ意味が真実と思えるので多くの人の琴線《きんせん》に触れています。また文学的な表現として琴線に触れるだけでなく、実生活で必要な考えだと納得できるため100年以上を経過しても古びることなく読まれ続けています。

置かれている状況や人によって、心に響くアレンの言葉は違います。

100ページにも満たない薄い書籍ですから、人生に行き詰まったと思うときに読むことをおすすめします。

特におすすめしたいのは、「今の自分がこうなっているのは、他人や環境が原因だと思っている」人です。

アレンは、このことを家の庭に植えた植物に例えて、「今、庭に花が咲いているのはあなたが植えたからである」と結果があるのは、原因を作ったあなたであると言っています。

今咲いている花は、あなたが原因を作ったのであって、同じように今のあなたや環境はあなたが過去に原因を作っているのです。

ただし、書かれている内容は具体的なノウハウではなく精神論です。そのためノウハウとして知りたいという場合は、アレンに影響を受けたと思われる『7つの習慣』『ザ・シークレット』『代償の法則』などの書籍を読まないと少し不満が残るかもしれません。

しかし、含みのある言葉を何度も繰り返しかみしめることで、希望ある未来を開くためのヒントが見えてきます。

アレンが言う「心の思い」と「潜在意識」

アレンには、フロイト、ユング、アドラーなどが提唱した「無意識（潜在意識）」の概念についてては、まったく触れていません。しかし、アレンは書籍の中で無意識（潜在意識）的な意識に関する次のような表現をしています。

・心は、それ自身がひそかに抱いているものを引き寄せ、それはそれ自身が本当に愛しているもの、あるいは怖れているものを引き寄せる。

・私たちは自分が望んでいるものではなく自分と同種のものを引き寄せる。

アレンの言う「心の思い」とは「無意識（潜在意識）」と考えるべきです。

なぜなら、アレンが書籍の冒頭で「心は創造の達人。私たちは心の中で考えたとおりの人間になる」と記述していることを紹介しましたが、思いつきで考えたとおりの人間に簡単になれるとは、アレンも決して考えていないからです。

そして、「人間を目標に向かわせるパワーは、自分はそれを達成できるという信念から生まれ、疑いや怖れは、その信念にとって最大の敵」と述べ、「自分自身を意欲的に改善しようとする人間は、明確に設定した目標の達成に、決して失敗することはない」と断言しています。

どのような人間になるか、どのような夢や願望を実現させるかは潜在意識に強く植え付けることが必要であることを違う言葉で表現しているのです。

第三章

トップアスリートの潜在意識

日本は今、世界で活躍するスポーツ選手をたくさん輩出しています。オリンピックや世界選手権では、20年前までは考えられなかった数の金メダルを受賞しています。多くの選手が自分の実力を国際舞台で試したいと、海を渡りました。

選手たちは数多くのハードルを飛び越えてさらに実力を蓄《たくわ》え、世界のプロチームで活躍する日本人を多く輩出してきました。

そんな、一流の選手たちの潜在意識の活用法を紹介します。

イチローと潜在意識

ＭＬＢシーズン最多安打記録（２６２本）
通算安打世界記録（NPB/MLB 通算４２５７安打）
最多試合出場記録（NPB/MLB 通算３５６３試合）

唯一無二の野球の求道者ぶりを証明する華々しい記録の数々。

イチロー選手は２０１９年３月21日に28年間の選手生活からの引退を発表しました。記録は破られるためにあるといわれますが、イチロー選手が残した記録の中には、もしかしたら今後破られることのない偉大な記録が含まれています。

また、日本で９年、アメリカで19年の合計28年間の長きにわたる選手生活も特筆されます。総務省の「主要職種別平均年齢・勤続年数」のデータによると日本のプロ野球選手の平均は８・９年（２００６年から２０１５年の10年間のデータ）です。

地味な数字ですが、イチロー選手の28年というのはすごいことです。野球に徹して節制を心がけて体の鍛錬を怠らなかった証拠です。

そのイチロー選手が将来の活躍を確実に引き寄せることになる有名な小学生の頃の卒業文集があります。

「僕の夢」　愛知県西春日井郡とよなり小学校６年２組鈴木一朗

僕の夢は、一流のプロ野球選手になることです。そのためには、中学、高校と全国大会に出て、活躍しなければなりません。

活躍できるようになるためには、練習が必要です。僕は3才のときから練習をはじめています。

3才から7才までは半年くらいやっていましたが、3年生のときから今までは、365日中、360日は激しい練習をやっています。だから、1週間中で友達と遊べる時間は、5~6時間です。そんなに練習をやっているのだから、必ずプロ野球の選手になれると思います。

そして、中学、高校と活躍して、高校を卒業してからプロに入団するつもりです。そして、その球団は、中日ドラゴンズか西武ライオンズです。ドラフト入団で、契約金は1億円以上が目標です。

僕が自信のあるのは、投手か打撃です。去年の夏、僕たちは全国大会に行きました。そして、ほとんどの投手を見てきましたが、自分が大会NO1選手と確信でき、打撃では、県大会4試合のうち、ホームラン3本を打ちました。そして、全体を通した打率は5割8分3厘でした。このように、自分でも納得のいく成績でした。そして、僕たちは、1年間負け知らずで野球ができました。だから、この調子でこれからも頑張ります。

そして、僕が一流の選手になって試合に出られるようになったら、お世話になった人に招待券を配って、応援してもらうのも夢の一つです。とにかく、一番大きな夢は、プロ野球の選手になることです。

お見事としか言いようがないです。

小学6年生で断定、完了、未来進行形で夢を表現し、レベルの高いアファメーション（詳しくはP96・P259参照）を行っています。また、サッカーの本田選手が驚くほど共通点の多い卒業文集を書いていますが、一流のアスリートたちはネイティブの潜在意識の使い手が多いです。

プロになってからのイチロー選手は、潜在意識の専門家のような発言も数多くされています。「自分で無意識にやっていることを、もっと意識をしなければならない」潜在意識と顕在意識の主従関係をいっています。

「結果が出ないとき、どういう自分でいられるか。決してあきらめない姿勢が、何かを生み出すきっかけをつくる」自分を信じる気持ちが潜在意識に透徹し、潜在能力が引き出されることを言っています。

「何かを成し遂げるためには長期間考えや行動を一貫させる必要がある」

思考や行動をパターン化すると、目標を成し遂げる方向に潜在意識がオートマチックに動きだすことを言っています。

「世の中の常識を少しでも変えるっていうことは、人間としての生き甲斐でもありますから」常識や固定観念も潜在意識の中にあり、それを打破し、なりたい自分になるのが人としての生きがいだ、と言っています。

「12年間で2000本安打を達成する」イチロー選手得意のアファメーションです。見事達成されています。

「夢は近づくと目標に変わる」潜在意識の力を使って描いた夢を確実に目標に近づけています。

さらに、イチロー選手は、過去に「自分でやること、やろうと決めたことに対しては、手抜きしないこと」と話しています。

そして、「僕を天才と言う人がいますが、僕自身はそうは思いません。毎日血のにじむような練習を繰り返してきたから、いまの僕があると思っています。僕は天才ではありません」と述べています。

イチロー選手の記録は、「才能」＋「強い意志（願望・夢）」＋「努力」＋「禁欲」で生まれたものです。

小学生の遊び盛りの頃から、マンガやゲームの誘惑に打ち勝ってバッティング練習など地道な努力を重ねています。

イチロー選手の才能をもってしても、強い意志と行動がなければ偉大な記録は残せなかったに違いありません。

イチロー選手のもう1つのすごさ「捨てる勇気（適応する能力）」

イチロー選手は、日本のプロ野球では代名詞ともなっている「振り子打法」で数々の記録を残しました。その振り子打法は、プロに入団したとき、当時の監督やコーチなどから変えるように指示されましたが、自分に合った打法として、その指示に従っていません。

しかし、メジャーリーグに移籍後は、数多くのタイトルを記録した振り子打法をメジャーの野球に対応するために捨てています。一般的には自分が固執し、それで成功した体験はよほどのことがない限り簡単には捨てられません。

成功体験を捨てられずに失敗した事例は企業経営にも多く見受けられます。また、メジャーの野球はパワー中心ですが、イチロー選手はパワーを強化する方向への対応をしていません。

イチロー選手が、アメリカでも自分に固執し、成功体験を否定しなければ、またアメリカのパワー野球に対応しようと考えていたら成功できていなかったのではと思われます。

私たちを取り巻く環境は常に変化しています。強い意志で願望・夢を追い求めるときは環境の変化にも注意して、どうすれば実現できるかを見直すことが重要であることをイチロー選手は教えてくれます。

願望や夢の実現が思うように進まないときは、目的である願望や夢は変えないで、環境をよく見てをかなえるための手段を変える発想を持つと実現に近づけることでしょう。

大谷翔平のマンダラート

アメリカメジャー・リーグエンゼルスに入団した大谷翔平選手が、日本だけでなくアメリカ人をも驚かすほどのすごい結果を出して連日大きな話題になっています。大谷選手の活躍は、彼自身の持って生まれた能力の高さもありますが、それだけではないことを紹介したいと思います。

大谷選手が子どもの頃からの夢を実現させた方法は、私たちもそれぞれの夢を夢で終わらせることなく実現できる方法です。その方法について紹介します。

それは、「潜在意識の活用」と「目的と目標・手段の明確な分離と具体化」の両方を使った方法です。大谷選手が実行した「目的と目標・手段の明確な分離と具体化」とは、マンダラートを使う方法です。

優秀な選手は子どものときに具体的な夢を持つ

野球のイチロー選手やサッカーの本田圭佑選手など人並み外れた才能を発揮するアスリートは、まだ将来がどうなるか分からない子どものときに実現したい大きな夢を卒業文集などに残しています。

大谷選手も高校1年生のときのマンダラート作成時は「ドラフト1位指名8球団」という夢を掲げています。その後に「二刀流でメジャー・リーグ」も夢になっていったのでしょう。

このように、多くの一流アスリートは子どものときから、大きな夢を抱くので、その成功イメージが潜在意識に強く作用しています。強く実現したい夢を持つことの重要性が分かります。

一流になる夢をどう実現するかを考えてこそ努力が生きる

そして、一流になった選手は、才能だけではなく厳しい練習や努力が必要なことを子どもの頃に気づいています。事実、多くの一流アスリートは陰でものすごい努力をしています。イチロー選手は、「夢は一気につかめません。小さなことを積み重ねることで、いつの日か信じられないような力を出せるようになる」と継続した努力が必要なことを述べています。

しかし、努力の内容が目的の夢に合致していないと、無駄な努力に終わりかねません。

夢をいくら強く思っていても、思うだけで行動に移さなければ夢を実現できません。一流選手ともなると意識しなくても自分に不足するところを見つけ出して努力できるのかもしれません。

しかし、技術面やメンタル面をコーチや専門家の意見を聴くように、何を、いつまでに、どこで、どのようにするかという実行計画が必要です。この計画が目的に沿っていればいるほど、努力の成果がよく現れて夢を実現できます。

たとえば「40歳までに起業をする」という夢を持っていても、どんな事業を、どう実現するかなどの計画がなければ努力する方向すら見えてきません。

そんなときに効果的な方法が、マンダラート

コントロール	キレ	スピード 160km
変化球	ドラ1 8球団	運
人間性	メンタル	体づくり

大谷選手のマンダラート

の作成です。大谷選手も高校1年生のときに作成しています。

マンダラートとは？　その作成方法、効果

マンダラートとは、アイデアの発想に使える手法のことですが、目的達成の手法にも使えます。

まず、3×3のマス目の中心に夢（目的）を書きます。大谷選手は、ドラ1「8球団」と記しています。その夢を実現するために必要なこと（目標や手段）を周囲の8マスのそれぞれに、「コントロール」「キレ」「スピード160km/h」「変化球」「運」「人間性」「メンタル」「体づくり」と記述しています。

そして、8つをまた3×3のマスの中心に書き、同じようにその周囲の8マスに、それを実

下肢の強化	体重増加	肩回りの強化
ピッチングを増やす	スピード160km	ライナーキャッチボール
可動域	体幹強化	軸でまわる

現するために必要なことをブレークダウンして記述します。

大谷選手の場合、たとえば「160km/h」の周囲には「下肢の強化」「体重増加」「肩周りの強化」「ピッチングを増やす」「ライナーキャッチボール」「可動域」「体幹強化」「軸でまわる」と記述しています。

これを残りの7項目についても実施し、最初の「ドラ18球団」の周りに項目を近づけて配置。全体で9×9マスの表を作成し常に見えるところに貼って意識することで、「ドラ18球団」という夢を実現させるためのやるべき計画表ができ上がります。

夢（目的）だけでは漠然としていて進む方向が見えない場合や、また目標や手段と混同してしまうと夢（目的）は達成できません。

マンダラートは目的を達成するための手段ですから、作ったときからがスタートであってゴールではありません。分かっていても間違えるので注意が必要です。

また、大谷選手のマンダラートの「人間性」を中心にした8つのマスを見ると、「思いやり」「礼儀」「愛される人間」などが並んでいます。

また、「メンタル」を中心にした8つのマスを見ると、「一喜一憂しない」「はっきりした目的、目標を持つ」などがあります。

大谷選手が、日本人やアメリカ人に愛されていること、オープン戦での不振があっても本番ではは実力を発揮できた理由などがここから見えてきます。

潜在意識に強く作用した夢は、行動を起こすエンジンとなって行動力が湧き上がってきます。これだけでも夢の実現に大きな効果がありますが、そのエンジンを使って、夢に向かって走るために必要で明瞭な目標や手段に落とし込んで具体的に行動が起こせるようにしましょう。

そうすると夢に向かって走り出せて、確実に夢をつかめます。

紀平梨花と潜在意識

２０１８年12月にカナダ・バンクーバーで行われたフィギュアスケートグランプリファイナルで弱冠16歳の紀平梨花《きひらりか》選手が、半年前2月の平昌《ピョンチャン》オリンピック金メダリストで同じ16歳のロシアのアリーナ・ザギトワ選手を抑えて見事優勝。新たな10代のヒロインがまた１人誕生しました。

この快挙もすごいのですが、シニアのデビュー戦でグランプリシリーズに優勝することは、浅田真央選手ですらなし得なかった日本人としては初のことです。

紀平選手を支えた家族のエピソードや、大きな大会で実力をいかんなく発揮できる運動能力と、精神力と潜在意識の関係について紹介します。

紀平選手のプロフィールと記録

紀平選手は、兵庫県西宮市出身で2002年7月21日生まれ。3歳のとき母親に連れられて姉と一緒にアイススケートリンクで初めてスケートに出合い、5歳でスケート教室に入り、練習をはじめます。

当時は、趣味の1つとしてスケートを楽しみ、この他にバレエ、体操、ピアノなども習っています。

スケートに関する運動能力の高さは、女子シングル史上初の「フリースケーティングでのトリプルジャンプ成功」「1プログラムで全6種類トリプルジャンプ成功」「3回転アクセル3回転トゥループ成功」、および女子シングル史上最年少での「3回転アクセル成功」などの記録を持っていることで分かります。

その他にも、日本人初のグランプリシリーズ初出場で優勝、女子シングルショートプログラム世界最高得点の記録も持っています。

紀平選手はこれから史上初、史上最年少の記録を作っていく可能性があります。その最初の記録は4回転となりそうです。

すでにロシアの13歳の選手が世界ジュニア選手権で4回転サルコウを成功させていますが、紀平選手も4回転トウループと4回転サルコウの練習をはじめ、すでに練習では何度も成功させているそうです。

2022年の北京五輪からは、女子も「4回転時代」に突入すると予測されています。

スケートに対する思いと家族の支え

優れた能力があるスポーツ選手であっても全日制の高校に通う選手が多い中、紀平選手はより専念できることから通信制の高校を選ぶほど強い思いをスケートに対して持っています。

また、中学生のときは学校が自宅から遠かったため、練習時間が圧迫されていました。そのため学校とスケートリンク両方に通いやすいところに引っ越しをして、そのうえで家族が送迎を続けています。一家でスケートができる環境を作って支えてきています。

紀平選手の運動能力に加えて本人のスケートに対する思いと、家族の支えが加わったことで実を結んだグランプリファイナル優勝でした。

紀平選手を優勝に導いた潜在意識

優勝したグランプリファイナル大会で紀平選手は、その前のＮＨＫ杯で失敗し課題としていたショートプログラムでのトリプルアクセルを見事に成功させ、ザギトワ選手の今季世界最高得点を大幅に更新する82.51点を記録しトップに立つ順調な滑り出しでした。

しかし、翌日のフリーでは、冒頭のトリプルアクセルで両手をつく失敗をします。このままでは駄目と感じたのか、紀平選手はその後の演技構成を瞬時に切り替えて失敗による減点を取り戻そうとします。

そこで、その後に跳ぶジャンプを「トリプルアクセル」から「トリプルアクセル＋ダブルトゥループ」に変更、またさらに別のジャンプを「トリプルルッツ＋ダブルトゥループ」から「トリプルルッツ＋トリプルトゥループ」とより難しい構成の演技に変更し成功させています。

その結果、150.61点とザギトワ選手を上回る得点を出し、合計233.12点という今季グランプリ大会の女子最高得点を出して優勝します。

素人目には、ジャンプの種類を変えることは簡単に思えますが、選手にとっては決めた構成での練習を繰り返し行っているので簡単に切り替えられないといいます。また跳ぶタイミングが微妙に変わる別のジャンプに切り替えたり、組み合わせを替えたりするのは困難です。

選手は自分の跳べる能力を限界まで引き出しています。短時間で切り替えるのは極めて困難なことですが、紀平選手はより難度の高い構成に切り替えて成功させました。

その成功の裏には、無意識でも自然に自分の力を出せる潜在意識を紀平選手が活用したと考えられます。

紀平選手は、中学生の頃に「フィギュアスケートは、寝ることと同じくらいの存在です。食べるときも、眠りにつくときも常にフィギュアスケートを中心に動いています」とインタビューに答えています。

これほどの強い意識があるからこそ、どんな場合にも対応できる演技構成が潜在意識に刻み込まれ、瞬時に対応できたのでしょう。

多くの一流選手が潜在意識を活用していますが、紀平選手は普段の練習や日常生活の中で潜在意識をフルに活用していると考えられます。

羽生結弦と潜在意識

平昌オリンピックでは、各選手によるさまざまな熱い戦いが繰り広げられ多くの興奮と感動と涙を日本中にもたらしました。

中でもフィギュアスケートの羽生結弦《はにゅうゆずる》選手のオリンピック2連覇は、数ある名場面でも多くの人が1位にあげています。

その理由としては、もともと羽生選手の人気が高いこともありますが、それだけではなくオリンピック直前に出場が難しいと思われる大けがをしたことがあげられるでしょう。けがの回復が万全ではないうえに復帰最初の試合がオリンピック本番になるために、メダルの可能性が危ぶまれていました。

このような逆境にありながら「金メダルを取る」という有言実行を見事に果たし、金メダルを獲得したことで感動が倍加したと考えられます。

では、なぜ羽生選手は、ぶっつけ本番のオリンピックで平常時の実力が出し切れたのでしょうか？　けがが治っていたから、あるいは人並み以上の身体能力と技術の高さがあったからというのは簡単です。

しかし、実力のある選手でも、4年に1度のオリンピックという大舞台では簡単に勝てるものではありません。多くの実力ある選手がメダルを逃しています。

今回の羽生選手も、けがで直前の練習や試合が思うようにできず、いきなりの大きな舞台で臨まなくてはならなかったため実力を100%発揮することは簡単なことではありませんでした。

なぜ、羽生選手はこのような状況で2連覇できたのでしょうか？　答えは、羽生選手が話した言葉の中に潜んでいます。

そのキーワードは潜在意識です。羽生選手が発した言葉をいくつかあげてみます。

「今はしんどいけど、待っている先に幸せがある。ただそれを待っていた。明けない夜はない。限界を感じたことはない。ただ、やるんだ！と、やるしかないと思う」

「逆境は嫌いじゃない。それを乗り越えた先にある景色は絶対にいいはずだと信じている」

「僕は僕。羽生結弦以上でも、以下でもない。ありのままの自分ができることを、オリンピックでもしっかりやりたい」

「自分が負ける勝つではなく、高みに立とうとしていることが大事」

「具体的に自分が何をすべきか、今何をしなくてはいけないのか、諦める、諦めないの前に考える」

「金メダルは誰が取ろうが、僕も取ります」

金メダルをとった後の会見でけがによる痛みは2、3割しかとれていなかったことを明かしています。

痛み止めの注射を打っていたとしても、違和感は残っていたと推測できます。

一流選手ほど些細《ささい》な違和感にも敏感であるはずで、その影響はスケーティングのパフォーマンスに少なからず影響したと考えられます。

そのような状況の中でも快挙を達成できたのは、羽生選手が発した言葉から分かるとおり、自分には金メダルを取れるのだという潜在意識への言葉による強い働きかけです。

特に「金メダルを取りたい」ではなく、「金メダルを取ります」と結果をイメージして発言していることによく現れています。

言葉こそ「取ります」ですが、羽生選手の心の中では金メダルを取って表彰台に上がっているイメージができあがっていたと考えられます。

つまり、羽生選手は、常に潜在意識に「限界はない」「逆境の先には良い景色があると信じる」などと言葉にすることによって、自己を信じ、自分の可能性を強く潜在意識に意識させています。

言葉は潜在意識を動かし、体の動きはその潜在意識に反映するため羽生選手は逆境の状況下にあっても最高の能力を発揮できたのです。

私たち一人ひとりは、それぞれに生まれてきた意味を持っており、また、個々にやりとげたい夢、使命、目的も違います。漫然とした時間を過ごすのではなく、羽生選手のようにそれぞれの夢、使命、目的に向かって結果を言葉にしてイメージしながら潜在意識に植え付けて努力を継続したら、きっとオリンピックの金メダルに相当する偉業を達成できるようになるに違いありません。

羽生選手は「今何をしなくてはいけないのか、諦める、諦めないの前に考える」と考えることの重要性を述べています。

夢、使命、目的に向かって努力を続けても成果が見えないなら、見えるようになるまで考えて考え抜いて努力を継続しましょう。その先に成功・偉業があなたを待っています。

小平奈緒と潜在意識

小平奈緒選手の平昌オリンピックでのスピードスケート500メートル金メダルは、フィギュアスケートの羽生選手の金メダルと同等の感動を多くの人に与えました。

さらに小平選手には金メダルの感動にも劣らない、むしろそれ以上の感動を日本人のみならず全世界の人々に与えました。それはライバル選手の健闘をたたえて、そしていたわって肩を抱いた印象的なシーンです。小平選手は、厳しい勝負の世界に生きるトップ選手としては控えめで優しすぎる心の持ち主です。

勝負の世界で生きる選手は、何としてでも勝ちたいと強く思うのが一般的です。

しかし小平選手は、肩を抱くシーン以外にも次のレースに出走するライバル選手が集中できず不利にならないように興奮する日本人の観客に静かにするように促すこともしています。

スポーツ選手としては優しすぎる小平選手の発言から、潜在意識に強く刻み込んだ思いを実現させるためのヒントになる数多くの名言がありますので紹介したいと思います。

潜在意識の理解と活用に参考になる小平選手の6つの名言

「与えられるものは有限、求めるものは無限」

「上には上がいる。先には先がある。と思えば何が足りないか、何が強みなのか冷静に判断できる」

「今を過ぎたものは、それに執着していては積み上がるものも積み上がらない。今が過ぎ去った瞬間に、次の今に向けて高めていきたい」

「日々自分超え！」

「そこにないから、手に入れるための手段や方法、時間をつくる。そういう環境に身を置いていること自体が創造の一部」

「私にとって勇気とは覚悟すること」

小平選手の名言にみる特徴

小平選手の名言の多くは、自分に限界を感じたときに心にしみてきます。たとえば「与えられるものは有限、求めるものは無限」からは成績が上がらない、思うように望みがかなえられないときに、自分を信じて自分が満足できるまで可能性を追い求めて行かねばならないことを気づかせてくれます。

スポーツ選手は、勝ったときや理想のフォームなどを潜在意識に自己暗示をかけるイメージトレーニングをよく行っています。

しかし、思うような結果が得られないときも数多くあります。小平選手も同じような思いを持って、自分に足りないものを求めて自らスピードスケート王国のオランダへ武者修行に出かけ大きな成果をあげます。

現状で思うように行かなければ、現状を変える努力（行動）が必要です。

また、「上には上がいる。先には先がある」や「今が過ぎ去った瞬間に次の今に向けて高めていきたい」、および「手に入れるための手段や方法、時間をつくる」からは、あらゆる結果に満足せず、あるいは失望もせずに、常にもう一段階上を目指す強い意志と行動力が感じられます。

思いが実現できないときは、さらなる努力（行動）をしなければならないということです。

小平選手の名言「勇気とは覚悟すること」の大切な意味

潜在意識との関係から、多くの名言の中でも特に印象的なのは「勇気とは覚悟すること」ではないかと思います。

なぜなら、潜在意識に実現したいことを強く植え付ければ思いはかなうと言われていますが、思いを実現できなかった人も多くいるからです。そして、思いを実現できなかった理由に「勇気ある覚悟」の不足があるからです。

ナポレオン・ヒルの有名な著書『思考は現実化する』には、簡単に言えば「思い込んだことは実現できる」ということが書かれています。

しかし、単に思うだけではダメです。

ナポレオン・ヒルは以下の６条件が必要と言っています。

①実現したいことを具体的にはっきりさせる

②実現のために何を犠牲にするか代償を決める
③実現させる最終期日を定める
④実現のための詳細な計画を立て、すぐに行動に移す
⑤これらを紙に書く（潜在意識に植え付ける）
⑥実現したと考え、実現できることを自分に信じ込ませる

これを信じて同じようにしたけれど思いを実現させられなかった人は、結論から言うと、「思い込めば実現できる」と信じても、「本当に実現できると思い込めず、また実現できるまでの行動を起こす覚悟ができていなかった」からではないでしょうか。

思いの実現には勇気（覚悟）が必要

では、なぜ「本当に実現できると思い込めず、また実現できるまでの行動を起こす覚悟ができない」のでしょうか。

その理由として、小平選手の名言からその行動を起こすには「勇気（覚悟）」が足りないのでは、と気づかせられます。

血のにじむような努力を伴う行動は、生半可な勇気（覚悟）ではできません。そのため揺るぎない勇気（覚悟）がない人は途中で逃避し、思いを実現できない結果で終わります。

小平選手のように能力があったとしてもオリンピックで金メダルを取ることは簡単なことではありません。金メダルを取ると強く決意するには、相当な勇気（覚悟）が必要であったと考えられます。

自分自身に対しての、勇気（覚悟）はできやすいのですが、コーチや支援者などの関係者に対して覚悟を述べるのは自分に忠実で正直な人にとっては、かなりの勇気（覚悟）が必要です。勇気を出すには自分に対する厳しい覚悟が必要であることを小平選手の「勇気とは覚悟すること」から分かります。

また、揺るぎない勇気（覚悟）は、やり遂げられるという確信がないと生まれてきません。確信を求めて常に自らの限界の打破を求めて努力しようとしていることが、多くの名言から見えてきます。

オリンピックで金メダルを取るには、能力に加えて大変な努力（行動）が必要です。私たちが実現させたいという思いも、小平選手のように常に自分を高めるための努力をしながら、思いを実現できる確信を持つまで努力（行動）し、最後に諦めない勇気（覚悟）を持てば実現できるでしょう。

プレッシャーに負けなかったカーリング娘

多くの人は、重要な場面でプレッシャーに負けてふだんの実力を出せずに失敗をした経験を1、2度は持っているのではないでしょうか？　スポーツ選手に限らずプレッシャーに打ち勝って自分の実力を１００％発揮できるようにすることは、人生で成功するために必要なことです。

そこで、平昌オリンピック関連の第3弾として、カーリング娘の名言と競技中の言動からプレッシャーに打ち勝つ方法について考えてみたいと思います。

カーリング娘がプレッシャーに負けなかった理由

平昌オリンピックの女子カーリング競技でＬＳ北見の選手（カーリング娘）たちが、カーリング競技で初の銅メダルを獲得しました。銅メダルの価値以上に、カーリング娘たちが競技中に交わした会話の「そだねー」や、競技の合間に設けられている休憩時間のおやつタイムが話題になったことはよく知られています。

しかし、このことが銅メダルを獲得できた理由の1つであったことはあまり注目されていないようです。

カーリング娘の名言「五輪には魔物がいると言われるが、私にはいなかった」

オリンピックは、スポーツをする選手にとっては最高峰の舞台で、なおかつ国の威信や国民の期待を背負い、さらに4年間という長い時間を掛けた努力の成果を出しきらなければならない場所です。

そのためオリンピックに出られるほどの才能を持ち、そのうえに練習に練習を重ねた一流選手でもオリンピックという大きな舞台ではプレッシャーに押されてその実力を発揮できずに終わることがあります。

しかし、カーリング娘たちが競技中に交わす方言まじりのゆるい雰囲気の会話や「もぐもぐタイム」として注目された休憩時間の雰囲気からは、オリンピックという真剣勝負の世界でプレッシャーを感じて競技をしているようには見えませんでした。

その様子は、まるでピクニックに来てカーリングを楽しんでいるようでした。事実、カーリング娘の1人吉田夕梨花選手は「五輪には魔物がいると言われるが、私にはいなかった」という名言を残しています。

言葉で明言したのは吉田夕梨花選手ですが、競技中の笑顔や会話、もぐもぐタイムの雰囲気から他の選手の気持ちも同様であったと思われます。

プレッシャーに負けるのは「努力逆転の法則」が働くから

カーリング娘のようにプレッシャーを感じずにふだんの実力を発揮できると、スポーツだけでなく入試や面接、あるいは重要な場面でのプレゼンテーションなどで実力を出しきれずに失敗することを避けられます。

しかし、人間は潜在意識のどこかに失敗するかもしれないという怖れや、不安な気持ちがインプットされているからプレッシャーを感じます。そこで、この潜在意識に負けないようにするために一般的には、「プレッシャーに負けないぞ」と心の中で強くとなえます。

不安が強いほど何度も強くとなえますが、実はこの行為はまったくの逆効果です。強くとなえればとなえるほど、また回数が多ければ多いほど心理学で「努力逆転の法則」と呼ばれる法則が働いてプレッシャーに押しつぶされます。その結果、実力を発揮できません。

努力逆転の法則とは？

「努力逆転の法則」とは、努力すればするほど、反対の結果になるという法則のことです。

つまり努力してプレッシャーに勝ちたいという意志を強く持つほど、潜在意識の中にある失敗イメージを強く想像してプレッシャーに押しつぶされてしまうのです。その理由は、以下のとおりとされています（自己暗示法の創始者であるフランス人のエミール・クーエの著書より）。

1　意志力はイメージ（想像力）に負ける

「意志力」と「イメージ（想像力）」が逆のとき、意志の力で負のイメージを取り払おうと強く思っても負のイメージ（想像力）の方が強いのでプレッシャーが残る。

2　意志の力を強く持てば持つほど負のイメージが強くなる

意志とイメージが逆のとき、意志の力でなんとかしようとすればするほど負のイメージが強くなる。負のイメージが強くなる度合いは意志の2乗に比例して大きくなっていく。

誰もがプレッシャーに勝てる方法とは

では、プレッシャーに打ち勝つには具体的にどうすればよいのでしょうか？

それは、プレッシャーに負けないという「意志」を強く持つのではなく、やった結果として自分が望むことや成功した結果を「イメージ」することです。

スポーツ選手はイメージトレーニングを行いますが、イメージトレーニングをすると運動しているときと同じように脳と筋肉が反応していることが分かっています。実は脳は現実とイメージ（想像）を完全に区別できていません。

梅干しやレモンを食べることを想像すると、実際に食べていないのに唾液が出てくることからも分かります。イメージを強く持てると、脳が勝手にイメージを現実として受け入れ、イメージしたとおりにできるようになります。

成功イメージを強く持てるようになる方法

カーリング娘たちも同じようにプレッシャーに負けないイメージトレーニングをしたと思われます。

それに加えてカーリング娘たちは、それぞれが挫折の経験を持っていたこともイメージトレーニングによい結果を与えたと推測できます。

カーリング娘の１人は別のチームに所属してオリンピック選考会で負けた挫折を経験し、また別の１人は所属チームから戦力外通告を受けています。

そのような状況でＬＳ北見チームに誘われて選手としてまたカーリングをできる喜びがあったため、プレッシャーよりもカーリングをできる喜びが強かったと思われます。

そして、そのことがイメージトレーニングの成果を強くしたと思われます。なぜなら嫌なことについては、よいイメージを強く持つことが難しいからです。


このことからプレッシャーに負けないためには、自分が楽しいことや望むことをやった結果としての成功イメージを強く潜在意識に持つことが重要です。

決して、プレッシャーには負けないという意志を強く持つことを避けてください。

そうすれば、プレッシャーに負けて実力を出せないということをなくせるでしょう。

成田緑夢の逆境からの飛躍

成田緑夢《ぐりむ》選手は、平昌オリンピックに続いて開催された同パラリンピックのスノーボード男子バンクドスラロームで金メダル、男子スノーボードクロスで銅メダルを獲得した選手です。同パラリンピックでは日本選手が大いに活躍し、金3、銀4、銅3の合計10個のメダルを獲得しました。

その数は冬季パラリンピック大会史上で3番目に多いメダル数です。パラリンピックの感動は、メダルを獲得したという結果だけでなく障害というハンディキャップに負けずに前向きに努力してつかみ取った感動が加わるので、オリンピックの感動とはまた異なった重みがあります。

そこで、成田選手の名言や考え方が潜在意識にどう関係して、今回の金メダル・銅メダルにつながったのかについて紹介します。

成田選手の才能とケガ

成田選手は、障害を負うまではスノーボード、フリースタイルスキーの世界大会で優勝、トランポリンでも高校の全国大会で優勝しロンドンオリンピックの代表候補になるほど才能豊かな選手でした。

しかし、２０１３年19歳のときトランポリンで着地に失敗、左足のひざから下の感覚を失うケガを負いました。夏と冬の両方のオリンピックに出るという目標を掲げるほどの才能があっただけに、障害というハンディキャップは計り知れないほどの心身にダメージを与えたのではと推測できます。

ハンディキャップや逆境に対する人間の弱さ

人間は何らかのハンディキャップを背負うと、それを理由にマイナス思考に陥って夢や目標に向かって進むことを諦め、努力を怠るのが一般的です。

また、何らかの逆境に陥っても同様な状態になります。

なぜなら、多くの人にとって努力することはつらくて、その努力を諦めれば楽になれるからです。

また、ハンディキャップや逆境を理由に何をやっても失敗するに違いないというマイナス思考は潜在意識に刻み込まれ、ポジティブな考えや行動を起こせなくします。

ハンディキャップや逆境に負けないアファメーション（宣言）とは

では、ハンディキャップがあっても逆境にあっても努力をして前に進み、そして夢や目標を実現するにはどうすればよいのでしょうか。そのヒントは成田選手から学べます。

そのキーワードはアファメーションです。

アファメーションとは宣言・誓約のことです。

具体的には「肯定的なことを宣言（誓約）すること」です。たとえば、「〇〇になりたい」や「〇〇になればいいな」ではなく、「〇〇になる（する）」とポジティブで肯定的に自分自身に宣言、あるいは誓約することです。

こうして潜在意識に強く語り続けると、顕在意識によって嫌な努力を避けて楽になろうとする考えよりも、宣言や誓約をしたことをやりきろうとする意識が勝って、夢や目標達成に向かって努力を続けられます。

何事にも積極的で行動力のあった成田選手ですが、ただがむしゃらに行動するだけではなくアファメーションとして次のことを具体的に実行しています。

それは、自分自身に対して「目標に対する期日」と「目標達成ができなかったときのペナルティ（丸坊主）」の宣言・誓約（ただし、病気や事故で目標に対する期日が守れないとペナルティはなしという条件の設定付き）です。

そして、成田選手は「目の前の一歩に全力」という考えと、「不可能と思われることがあったとき、それを1万分の1に割ってみる」という名言で目標達成に向かって努力を行っています。

成田選手の夢・目標は金メダルではない⁉

成田選手の夢・目標は直接的な金メダルではなく、それを大きく超えた「障害を持っている人、ケガをして引退を迫られている人、及び一般の人に夢や感動、希望、勇気を与えられるようなスポーツアスリートになりたい」です。

金メダルは成田選手にとっては通過点にすぎません。

高い目標であっても、また不可能と感じたときでも、「それを1万分の1で割ったことならできる、そして目の前のそれに対して全力を尽くす」という考え方は非常に合理的です。

多くの人は、できる方法よりもできない理由を考えてギブアップします。小さいことでも良いからできることを考えてそれを実行し、それを積み上げると夢・目標は実現に限りなく近づきます。

日本人で史上初のテニス4大大会を制覇した大坂なおみ選手

女子プロテニスの大坂選手が、男女を通じて日本人にとって史上初のテニス4大大会初優勝という快挙を、元世界ランク1位で4大大会の優勝回数が歴代2位の23度を誇る実力者セリーナ・ウィリアムズ選手を相手に圧倒して成し遂げました。

まだ20歳という若さ、そしてすばらしいテニスの才能があることから今後15年以上にわたってトップランクの位置を長く保ち、日本人を勇気付けてくれるに違いありません。

また、「全米オープン」の優勝スピーチや、テレビのインタビューなどから垣間見える好感を持たれる性格の良さもあって、今後さらに強くて親しまれる人気選手に育っていくことでしょう。

少ないキャリアで選手全員が憧れる4大大会の1つ「全米オープン」の決勝という大舞台に初進出したことは、大変な緊張を強いられたことと思われます。

しかも会場全体が地元アメリカのセリーナ選手を応援するという逆境の中、さらにセリーナ選手が感情をあらわに主審に抗議して3度の警告を受けて会場全体が騒然とする中での試合でもありました。

しかし、20歳とは思えない冷静なプレーで、持っている能力を100％以上発揮できた大坂選手のメンタルの強さは特筆されます。もともとネガティブな思考の持ち主で、感情もうまく抑えられなかったといわれる大坂選手が、自己をうまくコントロールし、落ち着いてプレーに集中できたメンタルの強さはどこから生まれてきたのか潜在意識の面から考えてみたいと思います。

大坂選手を精神面で成長させたサーシャ・バインコーチの存在

大坂選手をここまで飛躍させた陰には、現在の日本のスポーツ界にはびこっている根性優先、上から目線の指導とは一線を画した指導法を実践する敏腕コーチ、バイン氏の存在があります。

バイン氏は、大坂選手と話をするときには目線を同じ高さにするなど選手目線を重視して会話をしています。さらに、大坂選手は練習が好きな方ではなく、また「全米オープン」で優勝が決まった瞬間、派手なガッツポーズをするでもなく静かにバイザーのつばを下げて涙を隠したことからも分かるようにシャイで引っ込み思案な性格です。
そのため1つ良くないことがあるとネガティブになり、それを引きずってたびたびプレーが崩れることがありました。

こうした欠点のある大坂選手に対し、バイン氏は技術的な指導以外に楽しめる練習メニューをつくることが大切とし、「すべては心から始まり、体はそれについてくる」「完璧でなくていい、乱れない心が重要」と言っています。これは、日本に昔からある「〇〇道」に通じる考えに近いのではないでしょうか。

つまり、技術だけでなく「道」を極めるには「精神・心」も高めることが必要なことに近い考え方です。その教えを忠実に学び、身に付けた証拠が、大坂選手が勝利のために重要なことは何ですか？　という問いに「ガマン」と「心の持ち方」と答えていることで分かります。

日常生活における「ガマン」のしすぎは、ストレスなどの悪影響を心身に与えます。しかし、スポーツにおける「ガマン」には、相手のペースにならないように自分のペースを守る、あるいは冷静な判断ができるようになるという意味があり、スポーツ選手には欠かせない能力の1つです。大坂選手と戦ったセリーナ選手は、「ガマン」ができず平常心を失い自ら崩れていきました。

そのことは、そういう心理状態に追い込めた大坂選手のすごさを示しています。大坂選手のコーチが、技術だけを教え込むことに熱心であれば、大坂選手が４大大会を制覇できるまでにはもう少し時間がかかったかもしれません。

「ガマン」をできるようにさせた潜在意識

子育てにおいて、本能に近い行動しかできない子どもに「ガマン」を覚えさせることは、多くの親が苦労しています。大人のように理性で感情を押し殺すことができないからです。

しかし、大人であっても、緊張しているとき、とっさのとき、慌てているときなど、冷静でないときに「ガマン」することは簡単ではありません。常に冷静でいられるための「ガマン」は、理性の顕在意識では困難です。


バイン氏が潜在意識を取り入れたコーチングをしているのかは不明ですが、「心」を重視した考えをしていることから、「心」に深く意識させること、イコール潜在意識に強く働きかけることをしていることが考えられます。

報道を見る限り、とにかく明るく、楽しく大坂選手が練習できるように罰ゲームを取り入れたりして練習が行われているようです。

楽しいことをすることは、脳が活性化して、そのときに「ガマン」の必要性・重要性を何度も話されると、潜在意識に強くイメージされます。大坂選手にも無意識的にその重要性を潜在意識に持たせたと思われます。

「嫌だ、嫌だ」と思いながらの練習では「ガマン」の必要性・重要性をいくら言われても潜在意識には届きません。勝利した全米オープンでも、自分のミスに対してラケットをたたきつけて壊すようなそぶりを何度か見せますが、思いとどまっています。

バイン氏による「ガマン」することの大切さがイメージとして潜在意識にあったから、感情を押さえることができたのではと思われます。その結果が、「全米オープン」の勝利につながる1つの要因にあげられます。

全米に続く全豪オープン優勝と潜在意識

大坂選手は、2019年1月の全豪オープン・女子シングルスの決勝でチェコのクビトバ選手にセットカウント2対1で勝利。全米に続き全豪でも日本選手初の優勝を勝ち取り、グランドスラム連覇を果たしました。

この結果、世界ランキングでもナンバーワンとなり、今後も長きにわたって大坂なおみ時代が続く幕開けであることを強く世界中のテニスファンに印象付けました。

大坂選手のプロでのツアー優勝は、まだわずか3回。しかし、そのうちの2回がグランドスラム大会の優勝という快挙です。年齢はまだ21歳。これからさらにどれほど強くなっていくのか、そしてどこまでグランドスラムの優勝回数を伸ばしていくのか、世界中のテニスファンの注目の的です。

全米オープンは、実力プラス勢いで勝ち取った優勝であったのかもしれませんが、全豪オープンでは相手選手から研究され、追われる立場のプレッシャーを跳ね返しての堂々たる優勝でした。

そこで、心技体の何が全米オープンから進化したのか、そして潜在意識がどのように関わっているのかについて探ってみたいと思います。

大坂選手の進化

全米オープンから全豪オープンの間にもっとも大きく進化したと思われるのは精神面の強さです。決勝戦の第2セット、チャンピオンシップポイントを3回逃し、そのあと立て続けにブレークも許して、結局第2セットを落とすという最悪の状態になりました。

優勝をほぼ手中にしかけていただけに大坂選手への精神的なダメージは大きく、試合途中で涙を流すほどでした。まだ、一方的にセットを落とした方が次のセットへの切り替えができたと思われます。

しかし、トイレ休憩をとり、気持ちを切り替えます。敗れたクビトバ選手は、3セット目の大坂選手は2セット目とは別人になっていたと試合後に語っています。

ちなみに、酷暑の中の試合では汗が滝のように流れ出るのでトイレに行く必要はないと言われていることから、大坂選手のトイレタイムは気持ちの切り替えのためであったと思われます。

このようにトイレ休憩を利用できるのは自分を客観視できる精神的な余裕を持てるようになった証拠です。このとき、大坂選手はマッチポイントを握っても勝てなかったのは、相手の強さを認めて、セットを落としたのは自分が駄目だからではない、だから自分の力を100%発揮することに集中しようと気持ちを切り替えたと試合後に話しています。

2セット目のままの精神状態では100%の力が出せないことを認識し、気持ちを切り替えたのです。

女子テニスの世界的なスーパースターへ

元プロテニス選手の杉山愛さんは、実力を１００％出せれば、大坂選手のことを間違いなく誰にでも勝てる実力があると述べています。実際は、体力や体調、精神面で常に安定した状態が必要とされ、とくに精神面の維持はとても難しく勝ち続けることはほぼ不可能です。

しかし、大坂選手には、精神面での著しい成長や、技術面での進歩、体力の増強など心技体のあらゆる面で確実に進化していることから、スーパースターへの階段をすでに上りはじめています。

大坂選手の潜在能力と潜在意識

大坂選手の潜在能力の高さは、杉山愛さんに限らず多くの人が認めています。ただ、一方で潜在能力を１００％発揮させることが困難なことは、「火事場のばか力」という言葉があるように、脳が勝手にブレーキをかけて表に出せる能力は潜在能力よりも大きく劣ります。

筋肉の力だけを潜在能力に近づけるなら、大きな声を上げることで脳のブレーキを外せます。そのため重量挙げ、あるいはやり投げなどの投てき種目で多くの選手が大きな声をあげています。

しかし、テニスのような複雑な技術が必要な種目では単に大きな声を出すだけでは、潜在能力を最大限に発揮することは困難です。

潜在能力を限りなく発揮させるには、積み重ねてきた練習の成果や、戦術で対応するなどの潜在意識の奥に眠っているものをすべて引っ張り出してくる必要があります。

無意識にできるところまで鍛え上げた一流のアスリートであっても、試合中、常に100％の状態を持続することは、勝ちを急いだり、逆に負けを意識してしまい、ほぼ不可能なことです。

劣勢な状況で自分の気持ちをコントロールできず、そのまま自滅していた大坂選手が、ガマンで自分のペースを守り優勝した全米オープンから、さらに全豪オープンでは、無意識にできることや、意識しないとできないことなど、潜在意識をより自由自在にコントロールできるように成長しています。

自信を喪失してしまい、自分をコントロールできないとき、大坂選手がとったトイレタイムのように、どうすれば回復できるかを知っていると潜在意識をさらに生かせます。

清宮親子（克幸・幸太郎）と潜在意識

高校生のとき、通算111本という歴代最多本塁打の記録を打ち立て、2017年のドラフト会議でもっとも注目を集め、過去最多タイの7球団が指名し抽選の結果、プロ野球の日本ハムファイターズに入団した早稲田実業高校の清宮幸太郎選手の話題はまだ記憶に鮮明に残っています。

プロ1年目の2018年の成績は、出場試合53試合、打率.200、本塁打7本、打点18で終わりましたが、将来のプロ野球界を背負うことが期待されている逸材です。

その父親の克幸氏は茨田《まった》高校時代にラグビーをはじめ、体格、運動能力、センス、気迫などすべてにおいて優れており、1年生からレギュラーに定着。

その後早稲田大学に進学し、4年生のときは主将としてチームを牽引、全国大学選手権で優勝するなど輝かしい活躍をします。

卒業後はサントリーに入社。同社ラグビー部の中心選手としてチームを優勝に導きました。

現役引退後は、早稲田大学、サントリー、ヤマハ発動機などでラグビー部監督を歴任。監督時代にはいずれのチームも優勝に導き、選手としてだけでなく監督としても名将でした。

その息子である幸太郎選手は、ラグビーと野球の違いはありますが、父の優れた運動能力、身体、メンタルの強さなどを引き継いでいます。

しかし、いくら才能のある子どもであっても、ドラフト会議で7球団も1位指名するほどの魅力のある高校球児に育てることは簡単ではありません。

もちろん、監督などチームの指導者の影響も大きいと考えられますが、小さい頃から幸太郎選手と接して影響を与える父親の存在が技術を教えること以上に大きなウェイトを占めます。

子どもは、まだ目標に向かっていく考え方・メンタルができあがっていません。

そこで、名選手であり名監督でもあった幸太郎選手の父親である克幸氏の教育方針と潜在意識の関係について紹介します。

父親の克幸氏の教育方針

幸太郎選手は、高校卒業後の進路を大学進学かプロ野球入団かで悩みます。

最後に進路をプロ野球と決めて、それを表明する記者会見の場で、王貞治氏の偉大なホームラン記録の868本を目標にする、と具体的な数値をあげて発言をしました。

高校球児としてもっとも多くのホームラン記録を持っているとはいえ、プロでまったく実績のない選手の発言としては比較の対象が桁違いに大きくプロ野球関係者を驚かせます。

この驚きには、「たいしたものだ」という好意的な反応もありましたが、生意気すぎる発言という空気も流れました。

このようなしっかりとした数値目標を明確にして、そこに向かっていく姿勢は、父親の教育方針から生まれたものと思われます。

父親の克幸氏の教育方針はさまざまなスポーツや習い事を経験させるというものでした。幸太郎選手が幼い頃は水泳、陸上、テニス、ピアノ、ラグビーなどを経験しました。

これは金銭的な問題さえなければ、多くの親が実践できることです。

克幸氏の教育方針が他と大きく異なるのは、常に自分を客観視して自分で考えるクセを付け、考えたことを自分の言葉で答えられるように教育したという点です。

これは、克幸氏がラグビーをしていたことと無関係ではないと考えられます。

試合中ラグビーの監督は、グラウンドではなく観客席に居なくてはいけません。ラグビーは、キャプテンを中心に選手自身がすべてを判断してプレーを行う自主性が重要なスポーツなのです。

ですので、克幸氏は幸太郎選手にも考えるクセを付けるように教育したのです。

克幸氏は、幸太郎選手に「なぜあの場面でうまく打てたのか、あるいは打てなかったのか？」と聞き、本人に考えさせ、その回答が具体的に理にかなっていなければ納得しなかったと言っています。

幸太郎選手が打てなかったピッチャーに対しては、次にどのように攻略するかを徹底して考えるように教育しています。

一般的に幼い子どもは結果に一喜一憂するだけです。より高い次元に行くためには、漫然とプレーするのではなく、うまくできたこと、できなかったことを、自分で冷静に客観視して自分なりに納得するまで考えることで次のステップへと飛躍できます。

自分の欠点が分かれば練習で弱点は補え、長所はより大きく伸ばせます。幼い頃からこのように指導されたことが、幼少期の幸太郎選手の潜在意識に刷り込まれたと考えられます。

王選手を目標にした幸太郎選手の潜在意識

王選手の不滅の記録とも言えるホームラン数を目指すという目標も、幸太郎選手にとっては父親の克幸氏に教育された「自分で考える教育」の結果と考えられます。

周囲には大言壮語《たいげんそうご》な印象を与えますが、なぜホームランを打てないかを自問自答し、努力していくための目標としては王選手の記録がもっとも幸太郎選手の中で自然であったと考えられます。

そして、幸太郎選手は、テレビの取材に対して「夢は小さく言ったら小さくなる」と答えています。

父親の克幸氏からもラグビー以外なら超一流になれと言われたことも関係しているのでしょうが、幸太郎選手は自然と潜在意識の持つパワーを生かしているようです。

しかも単に夢として描くだけではなく、自分を客観的に見つめて、どうすれば記録に近づき、超えられるかを考える。これは、父親から潜在意識に植え付けられているため、幸太郎選手は自分に足りない部分を克服でききる能力を備えています。

彼の挑戦はまだ始まったばかり、これからも偉大な記録への挑戦が続きます。

まだまだ記録を超えるためには大きな壁がありそうですが、夢に向かっていく幸太郎選手を温かく見守っていきたいものです。

本田圭佑の潜在意識

本田選手は２００６年に日本代表に初招集されて以来、サッカーの代表チームを牽引してきました。

選手として数々の海外クラブチームでも活躍し、代表メンバー時代から日本最大のサッカースクールと海外クラブのオーナーになり、カンボジア代表チームの実質的な監督就任、また投資家としての活動にも力を入れているという前人未到の大活躍ぶりであり、この先も目が離せません。

そんな本田選手が小学校６年生のときに書いた有名な卒業文集「将来の夢」は、正に潜在意識活用のお手本のような内容でした。

「将来の夢」

ぼくは大人になったら、世界一のサッカー選手になりたいと言うよりなる。世

界一になるには、世界一練習しないとダメだ。

だから、今、ぼくはガンバッている。

今はヘタだけれどガンバッて必ず世界一になる。

そして、世界一になったら、大金持ちになって親孝行する。

Wカップで有名になって、ぼくは外国から呼ばれてヨーロッパのセリエAに入団します。

そしてレギュラーになって10番で活躍します。

一年間の給料は40億円はほしいです。

プーマとけいやくしてスパイクやジャンバーを作り、世界中の人が、このぼくが作ったスパイクやジャンバーを買って行ってくれることを夢みている。

一方、世界中のみんなが注目し、世界中で一番さわぐ4年に一度のWカップに出場します。

セリエAで活躍しているぼくは、日本に帰りミーティングをし10番をもらってチームの看板です。

ブラジルと決勝戦をし2対1でブラジルを破りたいです。この得点も兄と力を合わせ、世界の強ゴウをうまくかわし、いいパスをだし合って得点を入れることが、ぼくの夢です。

凡百《ぼんぴゃく》というと言い過ぎかも知れませんが、正直、そこまで注目されていなかったサッカー少年時代。未来や夢を具体的に断定形で表現し、20年経った現在、そのほとんどを実現させた上で、さらにスケールの大きい事業を成し遂げています。

潜在意識の働かせ方を誰かに教わったのか、天から授かったのか解りませんが、この卒業文集の続きを常に更新し続けて、それに向けて邁進していることと私は考えています。

常にスケールの大きい夢を抱き実現させていく本田選手に今後も期待しましょう。

第四章

潜在意識と映画

『生きてこそ』の生存者たちと潜在意識

1972年に起きたウルグアイ空軍機遭難事故を題材にしたドキュメンタリー小説『生存者 アンデス山中の70日』を原作に1993年に映画化された『生きてこそ』(原題 Alive)

ウルグアイの大学ラグビーチームとその家族や乗員の計45名を乗せてチリに向かっていたウルグアイ空軍機が悪天候の中、アンデス山脈に衝突して墜落。墜落時点で12名が死亡、行方不明5名、生存者28名なのですが、夜はマイナス40度にもなる厳寒の世界、食糧もすぐ底を尽きました。

極限状態でも「絶対に生きる!」と強い意志を持つ生存者たちは、葛藤しながら、議論の末、仲間の遺体の人肉を食べてでも生き残ろうという重い決断に至ります。

ラジオで捜索が中止になったことを知ったり、眠りにつこうとしたところを雪崩に見舞われたり、心身共に大きなダメージを受けるでき事が続きます。

詳しくは映画で観ていただきたいのですが、結局は16名が奇跡の生還を果たします。

墜落時点で28名生存していたのが、72日間で8名が絶命したわけですが、生死の分け目は何だったのでしょうか?

もちろん墜落時点でけがを負った人たちは、体力の消耗の激しい環境では、生き残ることは厳しかったでしょう。

ただ、明暗を分けた事実が明確にあって、墜落時にけがをしていない人たちも含め〝遺書を書いた人たちは全員、息絶えた〟ということなんです。

「もうだめだ」と考えたり、そのような行動、準備をすると、本当に現実になってしまいます。

絶体絶命という状況に置かれても、最後の最後まで生きることを諦めない、生き残ることを信じて疑わない思考が、奇跡を引き寄せるのですね。

『マトリックス』で見られる潜在意識の存在

1999年に公開されたアカデミー賞4部門受賞のアメリカのSF映画『マトリックス』。当時、最新の撮影技術を使った映像は、その後のSF映画に強い影響を与えています。

キアヌリーブス演じる主人公ネオの生きている現代は、実はAIに支配されている仮想世界〝マトリックス〟であるという、徐々に現実味を帯びてきたAI主導の社会を予見していた内容は、今改めて観ると非常に興味深いです。

ネオがＡＩ支配の仮想現実から人類を解き放つ救世主なのか？　どうなのか？　というテーマなのですが、人類側テロリストのリーダーであるモーフィアス（ローレンス・フィッシュバーン）がネオを覚醒させるプロセスで、潜在意識の活用にも応用できる示唆に富んだ名言をいくつか言ってくれています。

Free your mind.　「心を解放しろ」

固定観念を捨てて自由な心や意識で物事を見ないと現状は打破できません。

固定観念は潜在意識の深い部分に根付いているので、まずは心を解放しろと言っているのです。

What are you waiting for? You're faster than this. Don't think you are, know you are.

「何を待っているんだ。君はもっと速く動ける。速く動こうと考えるな。速く動ける自分を悟れ」

出ました。潜在意識の活用の基本である未来完了形の思考です。自分は既にできていると悟ることが潜在意識へ事実として伝達され、全神経、全細胞を達成へと向かわせます。

If you're talking about what you can feel, what you can smell, what you can taste and see, then real is simply electrical signals interpreted by your brain.

「君が感じたり、匂ったり、味わったり、見たりするもの、それらを現実と言うならば、現実とは君の脳から発せられた単なる電気信号にすぎない」

深いです。現実とは心の在り方であって、各々の思い込みで現実はいく通りもある。

大脳生理学的に言えば、脳の発する電気信号によって顕在意識が認識するものであるので、本当の現実とは誰にも分からず、心に描いたことが投影されていると考えると、良いセルフイメージを描けば、事態は好転していくことは、至極当然ということです。

He starts to believe himself.　「彼は自分を信じはじめた」

主人公ネオが覚醒しはじめたときのモーフィアスのセリフです。そうです。本当の自分の力、潜在意識が潜在能力を引き出すには自分を信じ切ることです。

公開から18年経っても色褪《あ》せないどころか、冒頭にも書いたように現実がマトリックスの世界に近づいているような不気味さもあります。

混迷の時代を生き抜くには、心を解放し、自分を悟り、信じ切ること。未見の方はぜひご鑑賞ください。

『インセプション』で描かれる潜在意識

監督、脚本、制作クリストファー・ノーラン、主演レオナルド・ディカプリオで2010年に劇場公開された『インセプション』。

その他の出演者も渡辺謙、トム・ハーディ、ジェゼフ・ゴードン-レヴィット、マリオン・コティヤール、キリアン・マーフィー、マイケル・ケインなど、ノーランファミリー勢揃い。

音楽はもちろんハンス・ジマー、そこに異色の組み合わせジョニー・マー（ザ・スミスのギタリスト）がギターで参加していて、今までのハンスの音楽にはなかった何とも言えないスパイスが加えられています。これもノーラン監督のセンスですね。劇中挿入歌にもこだわりが見られます。

エディット・ピアフの
Non, je ne regrette rien　邦題『水に流して』

が重要なシーンで使われているのですが、この曲を再生速度変更のアプリを使って超スロースピードで再生してみてください。

何とサントラの ***Half Remembered Dream*** と ***Dream Is Collapsing*** という曲に重なるのです。

これは夢の中の時間が進む遅さを表していると思われます。

さすがノーラン監督の構想20年の作品、随所にこだわりが散りばめられています。

私は好きな映画をテープが擦り切れるほど観る（表現が古いですね）タイプなのですが、文面から思い入れが伝わっているように、この映画はおそらく生涯で一番回数を観ることになりそうです。

監督、主演、出演者、撮影、音楽がパーフェクトなのですから（現在、私の一番好きな監督がノーラン、俳優はディカプリオ、トム・ハーディなので）。

また、もっとも重要なファクターであるストーリーが秀逸なのも当然、繰り返し視聴している理由です。

そのテーマはずばり潜在意識です。

主人公のコブ（ディカプリオ）はターゲットの無意識・潜在意識に侵入し、情報を抜き取るプロのエクストラクター（引き出し人）。

日本人実業家サイトー（渡辺謙）から、競合会社の独占状態を阻止するために、後継者に会社を解体するようなアイデアを芽生えさせる植え付け（インセプション）をするという困難な依頼をされます。コブは権力のあるサイトーに自身の問題解決（当局に妻の殺人容疑を取り消させる）を報酬とする条件で請け負うことになります。

そのミッションは設計した夢をターゲットに共有させ、つまり無意識下、潜在意識の領域でこちらの思惑通りのアイデアを植え付けるわけですが、そのプロセスでさまざまな困難や障害に見舞われ、すんなりとはことが運びません。

興味深いのは、侵入者のトラウマが想定外に夢に投影され、ミッションの邪魔をするのです。これは現実に我々の実生活でも起こっていることではないのでしょうか？

いわゆる思考が現実化するという現象で、夢の中ではインスピレーションによって完成したものが突然現れます。

その連続が夢の世界であり、思ったことがそのまま起こりますが、目が覚めた状態の現実世界は顕在意識の領域で脳のほんの一部しか使われていないため、現実化に時間が掛かると考えることができるのではないでしょうか？

潜在意識下で寝て夢を見ている間は、それを現実と認識しています。

目覚めて初めて夢だと分かります。

夢を見ている人が、「これは夢だ」と気づけば夢は崩れます。

夢＝イメージと言えます。

寝て見る夢も、現実で心に描く夢も両方イメージです。現実でもイメージしないものにはなれないし、無理だ（実現不可能な〝夢〟だ）と思った瞬間、本当に実現しない。

そういう意味では寝て見る夢も現実も非常に近い。ただ潜在意識下で寝て見る夢はイメージがそのまま現れる（実現する）ので、努力は必要ありません。

その夢の心地よさに取り憑《つ》かれたのが主人公コブと妻モス（マリオン・コティヤール）。

劇中の設定では夢は現実より時間の進み方が20分の１（顕在意識と潜在意識の割合がちょうど１対20と言われているので面白いです）。

夢の中で夢に入るとさらに20倍時間が遅くなり、１レベル深い階層へ行くごとに20倍。現実から３レベル（夢の夢の夢）深い階層に行けば、現実の10時間が約10年になります。

コブ夫妻はイメージで何でも造れる夢の住人となって長い期間、夢を彷徨《さまよ》います。

そのうちモスは現実と夢の区別がつかなくなり、現実世界で自死を選ぶ最悪の結果に。劇中の設定（実際の夢でもそうですが）では、死亡するときに夢から醒《さ》めるので、つらい夢をリセットしようと（実際は現実なのに）モスは死を選ぶのです。

本当にいろいろと人生について考えさせられる映画です。人間は夢から醒めない方が幸せなのか？

いや、私の解釈はこうです。

現実世界の顕在意識を夢に描き、潜在意識に透徹させ、艱難辛苦《かんなんしんく》を乗り越えて夢を実現させることが人生。

寝て見る夢のように、すぐにイメージは実現しません。つらくてもリセットもできません。

時間はかかりますが、潜在意識を信じて夢をイメージし、実現に向けてありとあらゆる努力をするのです。

劇中の時間設定で言えば、イメージした20倍は時間がかかるかもしれませんね。

So do you want to take a leap of faith,or become an old man, filled with regret, waiting to die alone?

信じて飛び込むか、それとも後悔を抱えたまま年老いて孤独に死を待つか?

涙なしには観られないラストシーン。

夢か現実かを判断するトーテム（コマ）を確認しないコブ。

夢か現実かよりも、今の状況を現実として受け入れることを選んだのです。

『イエスマン』と潜在意識

多くの人生の成功者の共通点としてあげられるのは「ポジティブ思考や行動」があります。成功は決して向こうから転がり込んではこないので、ネガティブ思考で何もしなければ成功する確率は極めて少なくなります。

今回紹介するのは、何に対しても「ノー」としか答えずにネガティブ思考な主人公が、ひょんなことから何に対しても「イエス」と答えてポジティブに行動してさまざまな喜び、幸せ、成功していくことをコメディタッチで描いた映画『イエスマン』です。

映画の簡単な紹介をして、ポジティブ思考のメリットと潜在意識の関係について紹介します。

『イエスマン』のあらすじ

映画『イエスマン』のあらすじをネタバレにならない程度に簡単に紹介します。主人公のカール（ジム・キャリー）は離婚し、仕事（融資担当の銀行員）でも私生活でもネガティブで友人の誘いや銀行業務で融資依頼に対し「ノー」と言うばかりで、何もしない消極的な生活を送っています。

しかし、友人に誘われたセミナーで「イエス」と言わなければならないはめに陥《おちい》ります。

それ以来、今まで変化のなかった生活が激変、「イエス」と言ったがために煩《わずら》わしい嫌なことにも巻き込まれますが、きれいな女性と知り合うきっかけができます。

また、仕事でも「ノー」から「イエス」に切り替えたことで昇進のチャンスにも恵まれます。

こうして、今まで「ノー」の生活で得られなかった喜び、幸せ、成功を重ねていきます。

しかし、その後いくつかのドタバタが生じ、最後に「イエス」と答える真の意味を主人公カールは悟ります。

「イエス」と「ノー」がもたらすもの

映画の主人公は依頼や勧誘されたことに対して「イエス」と答え、さまざまな行動をせざるを得なくなります。

「イエス」のために嫌な目にも遭いますが、「イエス」と言って経験したことが、自分にも他人にもよい結果として戻ってきます。なお、単に「イエス」とポジティブに行動することだけがよい結果を生むことではないことも、映画はきちんと伝えています。

そのうえで、もし失敗や苦労が嫌だからとネガティブになっているなら、よい結果は何も生まれないから、ポジティブになれば人生が変わると元気を与えてくれます。

なお、一部にある「ポジティブに思考するだけで、よいできごとが必然的に起こる」ということに対して、『脳科学は人格を変えられるか？』の著者であるオックスフォード大学教授のエレーヌ・フォックス博士はきっぱりと否定しています。

事実、今まで経験のない未知のことについて決断するときに、ネガティブ思考でリスクやデメリットに気づき失敗を回避できた経験を持ったことのある人は多いと思います。

失敗を避け成功するにはポジティブ思考とネガティブ思考の両方をバランスよく使い分ける必要があります。

ポジティブ思考がもたらすメリット

ポジティブ思考ができれば、よいできごとが起こり、成功し、幸せになれる可能性はネガティブ思考よりは高いのですが、必ずしもなれるとはかぎりません。

しかし、ポジティブ思考であれば確実に起こるのは、生産性、創造性、友人の増加と友情の深まりなどです。

なぜなら、ポジティブ思考であると脳の三大神経伝達物質の「セロトニン」「ノルアドレナリン」「ドーパミン」が、バランスよくたくさん分泌されるからです。

これらの脳内物質は、幸福感を高め、意欲・集中力を増加させ、記憶力を高めるからです。

また、悲観的なことや嫌なことで生じるストレスや不安・怖れを軽減させます。

ポジティブ思考にする方法

このようにメリットのあるポジティブ思考ですが、ポジティブ、ネガティブに考えるのは生まれつきで性格だから変えられないという人もいるかもしれません。

しかし、上述したオックスフォード大学教授のエレーヌ・フォックス博士は、変えにくいが変えられると述べています。また、脳科学者の茂木健一郎氏も「自信がないなどとネガティブな言い訳はしないで、自分ができることをやり続ければ脳はいつのまにかポジティブな脳に変わる」と述べています。

このとき、ネガティブなことに注意を向けないで、ポジティブなことに意識を集中させることが大切です。

人は、ポジティブなことよりネガティブなことが記憶に残りやすいため、どうしてもネガティブなことに意識が行きやすく関心や興味を持ちます。

そのためポジティブ思考をするには、潜在意識に強くポジティブなイメージを持つことが重要です。

そして、より具体的にポジティブ思考ができるようになる方法として、心理学者のショーン・エイカー氏が提唱する方法が効果的です。

その方法は以下を21日間続けることです。

- **感謝したいことやありがたいと思うことを毎日新規に3つ書く**
- **過去24時間のポジティブな体験を日記に書く**
- **運動をする**
- **瞑想《めいそう》する**
- **親切な行動をする**

その他にも、ネガティブな言い方をポジティブに言い換える方法も効果的です。

たとえば、「この仕事は困難」と思ったら「やりがいがある仕事だ。失敗しても挑戦しよう」、そして挑戦した結果、失敗したら「なぜ失敗した」と落ち込まないで「どうすれば次は成功できるか」と前向きに考えます。

それでもなかなか変えられないという人は、映画のように、まず「イエス」と答えてみるとよいのではないでしょうか。

ただし、すぐに行動を起こすのではなく、何ができて、どう行動すればどういう結果になるのかを考えたうえで行動に移すことが必要です。

別の言葉で言えば、ポジティブに考えて、ネガティブな状況に負けないように考えて行動することです。

また、ポジティブな自分になれるように、強くポジティブイメージを潜在意識に持つことも大切です。

『LIFE！』と潜在意識

現状の自分を変えたいという気持ちはあるけども、日常に流されて自分を変えるための一歩が踏み出せない人は意外に多いのではないでしょうか。

高齢者に「今までの人生で後悔したことは何?」というアンケート調査をすると、多くの人が後悔の1つに「何もしなかった、もっとしたいことをすればよかった」ということをあげるそうです。

家族やお金のことを考えると制約があることは事実ですが、一度だけしかない人生、できれば悔いは残したくないものです。

映画『イエスマン』で、紹介した「ポジティブ思考」は、悔いを残さないための1つの方法です。同じようなことですが、一歩踏み出す勇気で、自分のやりたいことをやろうという強いメッセージが込められているベン・スティラー主演の映画『LIFE!』を紹介し、潜在意識との関係について解説します。

『LIFE!』のあらすじ

あらすじを簡単に紹介します。主人公のウォルター（ベン・スティラー）は、有名雑誌の写真管理部に勤務する空想が大好きな社員です。

空想の世界では自己実現を満たしていますが、現実生活では、一歩踏み出して行動もできないで何の変化もない平凡な生活を送っています。

しかし、担当している雑誌の廃刊が決まり、最後の雑誌制作のための表紙を飾るはずの写真（ネガ）が見つからないことから騒動が始まります。

現実世界では、何も行動を起こせなかった主人公が世界のとんでもない場所へ写真（ネガ）を求めて大変な冒険の旅に出かけます。

その過程で平凡だった男性が成長していきます。一歩を踏み出す勇気があれば成長できるという実感と勇気をもって行動しなければと思わせてくれる映画です。やりたいことがあるけどできないで、毎日モヤモヤした気持ちでいるなら見てみる価値があります。

なお、ストーリーも面白いですが、旅をする場所の大自然の映像が美しい映画です。

一歩踏み出して行動することの大切さ

ごく一部のエネルギッシュな人を除くと、多くの人は行動を起こしたいけどなかなか行動ができないときの経験を何度か持っているのではと思います。そのようなとき、「自分にはとてもできない」「時間とお金がない」「失敗したくない」など、さまざまな理由を付けて自分の本当の思いを押さえ込んで、自分の気持ちをだまして生活していませんか。

あるいは、本当に自分のしたいことが分からなくて、決まりきった日常生活に違和感を持ちながらも、満足感を自分自身に無理に感じさせて生活を送っていませんか。

『LIFE!』の主人公は、空想することで自己満足し決して行動に移しません。行動を起こさねば、変えられることも変えられず、目的も達成できません。

無鉄砲な行動は慎まなければなりませんが、起こすべき行動を起こさないと、人生の終盤にやりきったという充実感を持てないで後悔をすることになる可能性が高くなります。

一歩踏み出して行動するには

一歩踏み出すことができない人の理由でもっとも多いのは、「明日からやればいい」ではないでしょうか。

しかし、永遠に明日はきません。このような人には、行動を起こした結果生まれる達成感、幸福感、充実感などに対するイメージが弱いことが考えられます。そのため行動を起こすことで生じる「心身の疲労などから起きるけん怠感や面倒さ」を回避したくなると考えられます。

このような悪循環を回避するには、１つのアイデアとして目標を低くすることをおすすめします。１日１時間の勉強はできなくても10分ならできる、１時間のウォーキングはできなくても10分ならできると思います。今できることを目標にして継続することです。

クレペリンテストで知られるドイツの心理学者エミール・クレペリンが発見した「作業興奮」という作用があります。「作業興奮」とは、脳が嫌に思っていることや興味のないことでも、いったんやりはじめると脳が興奮して嫌なことも興味のないことも苦にならずに継続できるようになることです。

作業をはじめると脳から「快感」「やる気」に影響を与えるホルモンのドーパミンが分泌《ぶんぴつ》されます。

そして、この作業興奮が起こる状態を継続すると、記憶されて継続して同じことをしたいという気持ちも生まれてきます。

たとえば、部屋や車を掃除するのは嫌だなあと思っていても、いったんやりはじめるとあちらこちらの汚れが気になって、簡単に済まそうと思っていたのにいつの間にか一生けん命になって掃除をした経験がある人もいるのではないかと思います。

したがって、一歩踏み出す行動力を生み出すには、行動後の達成感、幸福感、充実感などのイメージを潜在意識に強く持つことがまず必要です。

次に、とにかく行動できる目標を設定をして、その範囲で短い時間でもよいので行動を継続することです。そうすることで、毎日の行動は、潜在意識に植え付けられ意識しなくても自然に行動できるようになるでしょう。

歴代世界興行収入第1位『アバター』の世界と潜在意識

『アバター』は、人類の進歩のために自然環境を犠牲にしてきた人類に対してのアンチテーゼと警告がメッセージとして込められている映画です。

最近の異常気象は環境破壊と関連が深いと言われています。自然災害を回避するために私たちにできることは何？という観点から、このテーマとなりました。

２００９年に公開された『アバター』は、当時としては斬新なデジタル３Ｄ映像による美しい映像美で映画史に新しい一歩を記した映画です。同じジェームズ・キャメロン監督の作品で１９９７年に公開され大ヒットした『タイタニック』の興行収入を超え、最近の話題作『スターウォーズ／フォースの覚醒』などをも上回り、今なお歴代興行収入1位を維持している作品です。

多くの人が鑑賞し、まだ記憶に残っていると思われることから詳しい説明は不要かと思いますが、簡単なストーリーを紹介し『アバター』の作品と潜在意識の関係について解説します。

『アバター』のストーリーとキャメロン監督の意図

地球外のある惑星の衛星「パンドラ」が舞台で、ここには映画では青い肌の色をした人物として描かれた先住民族が住み、自然環境を大切にした生活をしています。

この衛星には地球のエネルギー問題を解決できる可能性のある希少鉱物が大量に存在していることから、人類は、なんとかしてその希少鉱物を手に入れようと画策することから問題が起きていきます。

先住民族との交渉がうまく進まないので、交渉をうまく進めるために人類と先住民族のDNAを掛け合わせた人造の生命体（アバター）を作り、先住民族との意思疎通を図る「アバター計画」をスタートさせます。

アバターとは、自分の代わりになるキャラクターのことで、本来の意味は「化身」という意味の英語です。映画では、先住民族にそっくりなアバターに人間が意識をリンクさせて遠隔操縦できる設定です。その計画を担っていた主人公の兄が急死。兄の仕事を引き継いでほしいという依頼を受け、戦争の傷で半身不随《ふずい》の主人公は、傷の治療費用を稼ぐ目的もあって地球から「パンドラ」へと旅立ちます。

そして、主人公は「アバター計画」でアバターの肉体とはいえ、自身の意識で自由に動けることに大きな喜びを感じます。

その後、アバターとして活動する主人公は、先住民族の娘と仲良くなり、愛し合い、触れ合ううちに先住民族の生き方に感銘《かんめい》を受けます。一方で希少鉱物の採掘交渉が進まないことに業を煮やして人類は、強硬《きょうこう》手段に訴え、先住民族に攻撃をはじめます。主人公は、先住民族に味方し、人類の攻撃に反抗。

最終的に先住民族は勝利。そして、主人公は、アバターに意識をリンクして今まではアバターの肉体を遠隔操縦《えんかくそうじゅう》させているだけでしたが、「パンドラ」にある不思議なパワーによって、先住民族として意識と肉体が一致した新たな生命を授かります。

キャメロン監督は、この映画で先住民族のように自然環境と共存することの大切さを通して人類の環境破壊を非難、また、武力で目的を達成しようとするアメリカを非難するなどの意図を込めています。

『アバター』に込められたメッセージと潜在意識の重要性

キャメロン監督は、あるインタビューに答えて、「映画の役割は、いかに人々に自分たちの持つ潜在意識を認識させるかだと思います」と語っています。そして、「自然破壊をしているが、自然を尊重しなければならないことは、われわれの潜在意識ははっきりと分かっています。そして人類全体がこのことを知る必要があると思います」と続けて述べています。

『アバター』で表現された世界を通して、潜在意識に自然を大切にして、自然を守ることが必要だという意識の重要性を投げかけています。先住民族にそっくりな生命体（アバター）に、まず人間の顕在意識をリンクさせて動かすという設定から、最後にアバターと同化する設定も顕在意識と潜在意識は一体であることをキャメロン監督は表現したと考えられます。

潜在意識の活用が重要

意識の大部分を占める潜在意識の持つパワーを活用しなければ、人生を安易に過ごしてしまいます。そうであれば、幸運をつかみ、夢や願望を実現させることは困難です。「たられば」程度の浅い願望を望む気持ちでは、幸運、夢、願望は実現できません。

もっと、強く潜在意識にどうなりたいかを描いて思い込むことでしか実現は不可能です。だからこそ、キャメロン監督の危機感を映画『アバター』を通じて目先の利便性で環境破壊をしてはいけない、自然環境を大切にしなければならないという潜在的な気持ちを強めたかったのでしょう。

『ボヘミアン・ラプソディ』とフレディ・マーキュリーの潜在意識

『ボヘミアン・ラプソディ』は、イギリス出身の伝説のロックバンド「クイーン（Queen）」のボーカルで、１９９１年に45歳の若さで亡くなったフレディ・マーキュリーの半生の人間模様を描き、最後のライブシーンが圧巻の映画です。

「クイーン」のデビューは１９７３年ですから活躍した時期は今から約30年から45年も前の時代です。数多くのヒット曲を残し、半世紀近い時代を超えて、今なお多くの人の魂を揺さぶり魅了する「クイーン」のフレディ・マーキュリーと潜在意識の関係について紹介します。

『ボヘミアン・ラプソディ』の概要

『ボヘミアン・ラプソディ』は、クイーンのフレディ・マーキュリーの半生を描いた伝記ドラマで、制作に10年近くもかかった映画です。

クイーンの数々のヒット曲がちりばめられ、映画の題名になっている『ボヘミアン・ラプソディ』や『ウィ・ウィル・ロック・ユー』といった名曲誕生の瞬間や、「アフリカ難民救済」を目的として１９８５年7月13日に行われた20世紀最大のチャリティーコンサート「ライブ・エイド」でのフレディの圧巻のパフォーマンスなどが再現されています。

映画の音楽総指揮は、クイーンのメンバーであるブライアン・メイとロジャー・テイラーが手掛け、劇中ではフレディ・マーキュリーの実際の歌声が主に使用されています。

クイーンのファンにとって名曲誕生までの秘話を知ることができ、クイーンを詳しく知らない世代には、その魅力やフレディの魂の響きを感じ取れる映画です。

「クイーン」とフレディについて

クイーンは1973年にデビューし、イギリス、アメリカなど世界中で成功。アルバムとシングルのトータルセールス数は、2億枚とも3億枚ともいわれるロックバンドです。ボーカル担当のフレディ（1991年にHIV感染合併症によって45歳で死去）は、インド人の両親からアフリカのタンザニアで1946年に誕生。小さい頃から複数のロックバンドで活動し、ピアノとボーカルを担当。

1970年にギタリストのブライアン・メイ、ドラマーのロジャー・テイラーのバンド「スマイル」に加わり、ベーシストのジョン・ディーコンが翌年の1971年に加入したことで、ここに伝説のバンド「クイーン」が誕生します。

フレディは、世界の常識や既成概念に逆らって従来の音楽の概念を打ち破り、世界中から愛された曲とともにマイクパフォーマンスで人々を魅了したエンターテイナーです。

レディ・ガガはフレディ・マーキュリーを「史上最高の天才エンターテイナー」と称賛し

ています。

しかし、一方で両親がインド人という出自《しゅつじ》や容姿にコンプレックスを持ち、小さい頃から「部屋でひざを抱え、音楽が居場所だった」と孤独な思いをしています。また、セクシュアルマイノリティ（性的少数者）で、そのことを当時はオープンにできず、また理解されずに苦悩していました。

今の時代であれば、ＨＩＶは死に直結する病気ではなくなり、セクシュアルマイノリティに対する偏見や誤解も大幅に小さくなっており、時代がずれていればもっと長く活躍でき、また孤独になることもなかったかもしれません。

しかし、すばらしいパフォーマンスが生まれた経緯には、孤独や悩みが才能にプラスされた結果であり、もしそれがなければ生まれなかった可能性を考えると、それはそれで、よかったのかもしれないと少し複雑な気持ちになります。

フレディの歌が今も心を揺さぶるのは彼の魂（潜在意識）

フレディと同時代に歌を聴いた人だけでなく、今もなお彼の歌が心を強く揺さぶるのには彼の魂（潜在意識）が強く働いているからです。

フレディは、「僕はスターにはならない。伝説になる」「妥協は僕にとって、もっとも汚い言葉だ」「とてつもなくビッグになると思っていたし、実際そうだった」「より大きく、よりすばらしく、これがすべてさ」などという言葉を残しており、強い意志を潜在意識に持っていたことが分かります。

彼が念じ信じた伝説になるという言葉を実現させるとともに、彼の人生の生きざまが詰まった歌が魂（潜在意識）を通じてすべての聴く人の心に響くのです。

なぜなら、潜在意識から生まれる信念を持った人からは誰もが自然に強い影響を受けるからです。潜在意識は人に強い影響を与えるほどの力を持ちます。

第五章

経営者と潜在意識

松下幸之助と潜在意識

松下幸之助氏は、優れた経営手腕で小さな町工場に過ぎなかった松下電器を世界的な大企業に育て上げました。

その経営の本質・底流には、企業や経営者の利益最優先主義ではなく従業員を大切にして国や国民の生活を良くするという私利を排して利他を重視する大義がありました。その頃の多くの経営者は松下氏がかかげる、経営の本質に賛同していました。

しかし、平成に入ると「バブル崩壊」「消費税導入」「デフレ不況」「リーマン・ショック」など企業経営に厳しいでき事が次々と起き、失われた20年、あるいは30年ともいわれる経済の低迷時代に突入します。

その結果、それまで培われた大儀が捨て去られ、アメリカの経営者にみられる株主優先の企業利益や経営者の私利を最優先にした経営が主流になっていきます。

平成は昭和と違い成熟した市場のため、余剰人員が出ると、その人員を他の事業に振り分けることが困難で、厳しい経営環境の中で利益を出すために簡単に人員をカットし、人件費を削減するために非正規雇用社員の比率を増やし、人を使い捨てせざるを得ない事情がありました。

すでに、そこには人を大切にするという松下氏が持っていた経営の本質は失われています。結果として、終身雇用や年功序列は崩壊。経営者は経営責任を自らには問わず、従業員を犠牲にすることで自己保身する経営が主流になっているように感じます。

もし、松下氏が平成の時代に経営者として腕をふるっていたらどのような経営を行ったかと考えると興味が尽きません。

企業は継続することが前提であるため、松下氏といえども会社が苦境に陥ったときは、アメリカ式のリストラ、成果主義、能力主義を採用し、今までと同じ終身雇用、年功序列を変更していたのではないかと推測します。

しかし、おそらく私利のためだけではなく、そこには人を人として尊重する方法を考え出して、自らの経営責任を問われるときは、自ら出処進退を明らかにして地位に固執したとは考えられません。

松下氏の「人を大切にする」という言葉は、経営手段ではなく国民の生活を良くするために必要な前提、経営の本質でした。企業のために、経営者の私利のために国民（従業員）を切りすてる経営手法を取らなければ、経済格差が大きくならず失われた30年はもう少し違ったものになった可能性があります。

松下氏の経営は、人を大切にした利他の精神で、ともにWin-Winになるような「和の経営」ではないか考えられます。

その「和の経営」に加え、松下氏は、潜在意識を活用して経営にあたらなければいけないことを述べた名言が数多く残っています。ここで少し紹介しましょう。

「衆知を集めようと思えば、やはりまず、〝衆知を集めたい〟という気持ちを強く心に持つことです。そういうものが心にあれば、それはその人の態度物腰にあらわれて、おのずと衆知が集まるようになってくるものです」

「何としても二階に上がりたい。どうしても二階に上がろう。この熱意がハシゴを思いつかす。階段をつくりあげる。才能がハシゴをつくるのではない」

「熱心は、人間に与えられた大事な宝である。そしてこの宝は誰にでも与えられているのである」

これらは「集中して思い続ける」という潜在意識を活用する上で大切な基本がよくあらわれている名言ではないでしょうか。

スティーブ・ジョブズと潜在意識

アメリカの起業家としてもっとも成功した1人のスティーブ・ジョブズ。

単なる優れた経営者の枠をこえて、その偉業は、「電話のベル」「飛行機のライト兄弟」「自動車のベンツ」「自動車の画期的な生産方式を生み出したフォード」などと並び、後世に語り継がれる人物ではないでしょうか。

彼はスマートフォン、「iPhone」を開発。これは世界中の人々の生活スタイル・文化を進化させました。

そのジョブズは２０１１年10月に56歳の若さで亡くなりました。

まだまだ新しいコンセプトの商品開発が期待できる年齢だけに残念な死でした。

ジョブズは、最初にパソコンのApple IIで大成功をします。しかし、その後IBMによるPCの発売などで思うように売上は伸び悩みます。

また自身が創業した会社（アップル社）でありながら、自分勝手な行動の結果、会社から追放され、決して経営者としては優れていませんでした。

その後、紆余曲折《うよきょくせつ》を経てアップル社に戻ってからのジョブズはアメリカでも有数の経営者としての実力を発揮します。

もともと自己中心的でしたが、いったんアップルを追放された経験などから自己中心主義にいい意味での磨きがかかりました。

その経営スタイルは、製品発表会が非常に重視された超中央集権的マネジメント手法を採用。そして、製品作りには、マーケットではなく自分のこだわりを徹底して貫いて開発します。

ジョブズはマーケティングという用語を嫌ったと言われていますが、その新製品を自らプレゼンするマーケティング手法は、アップルの代名詞とも言えるほど洗練されています。

以前のジョブズのプレゼンは、機能をできるだけ多く列挙し、他社より優れた点を強調しますが、製品自体を使う楽しさは伝わっていませんでした。

ジョブズは、言いたいことを最小限にして、使いやすさ、使う楽しさ、使う感動をうまく伝えたプレゼンに変えたのです。

実際、アップルの製品には実にたくさんの誇れる機能が盛り込まれていますが、それを訴求《そきゅう》するのではなく、製品を購入して使ってみたくなるようにプレゼンしたのでした。

製品作りでも使い勝手を徹底的に追求するなどユーザー目線のマーケティング能力に優れた経営者です。

先ほどの章で松下幸之助氏は利他の精神に基づいた「和の経営」を実践していたことを書きましたが、ジョブズは真逆で、自分を貫くために逆らう人物は切り捨てる「究極の自己中な経営」ではないかと考えられます。

一方、共通点としては、「潜在意識が大切である」というフレーズが２００５年にスタンフォード大学の卒業式で行った「伝説のスピーチ」にも多く残っています。ここでは１つ紹介します。

「自分の根性、運命、人生、カルマ、何でもいいから、とにかく信じるのです。歩む道のどこかで点と点がつながると信じれば、自信を持って思うままに生きることができます。たとえ人と違う道を歩んでも、信じることがすべてを変えてくれるのです」

類《たぐい》まれな才能のある優れた日米のトップ経営者であっても、単に才能だけではなく潜在意識を使わなければ100%のパフォーマンスが挙げられないことを述べています。

世界のホンダと潜在意識

世界のホンダといえば、以前は本田技研工業創業者の本田宗一郎氏のことでしたが、最近ではサッカーの本田圭佑選手のことを思い浮かべる人も多いでしょう。ここでは本田宗一郎氏のお話をしましょう。

二輪車からスタートした本田技研工業（ホンダ）を、自動車においても世界的なメーカーに育てあげた本田宗一郎氏。

「成功者は、たとえ不運な事態に見舞われても、この試練を乗り越えたら必ず成功すると考えている。そして、最後まで諦めなかった人間が成功しているのである」

という言葉を残しています。

成功者とそうでない人を分ける最大の分岐点は、正にここにあります。

失敗者の多くは成功を強く願っているようで、実際は潜在意識にまで成功イメージが透徹していないので、自分自身を信じきれず心が折れてしまうのです。

失敗して「もうだめだ」と考えれば、本当にそこで終わってしまうのです。

「開拓精神によって自ら新しい世界に挑み、失敗・反省・勇気という3つの道具を繰り返して使うことによってのみ、最後の成功という結果に達することができると私は信じています」

という言葉も残しています。

本田宗一郎氏の名言には失敗に関することが多く、失敗と成功はセット、失敗の土台がないと成功はないと説いています。

人間、誰しも失敗したくはありませんが、失敗を怖れて避けていると、次の反省、勇気そして、再チャレンジという成功へのプロセスを踏むことができずに、結局、自分が想い描いた人生が歩めなくなります。

失敗を怖れず、チャレンジし続けるには、潜在意識に揺るぎない成功イメージが透徹されている必要があります。

大前研一流自己変革法と潜在意識

経営コンサルタントでビジネスブレークスルー大学学長の大前研一氏が提唱する自己変革法。

いつが初出《しょしゅつ》か分かりませんが、さまざまな方が引用されているので、目にされた方も多いと思います。大前流自己変革法とは、以下のシンプルな3つになります。

①時間配分を変えること
②住む場所を変えること
③付き合う人を変えること

私も振り返るとこの3つを自然にやっていた気がします。

まずは、時間配分を変える。

たとえば12月は1年のスケジュールを振り返って、実のあるミーティングや会合、会食がどれだけあったか検証します。

1日のうち、睡眠や食事など、生理的な現象に費やす時間を12時間として、残った12時間をいかに有意義にすごすかということを検証すると、いかに今年も無駄な時間をすごしてきたかが分かります。

確かに「必要な無駄」というのも存在すると思いますが、夢や目標があって、そのために自己変革が必要であれば、そんなに悠長なことは言っていられません。

無駄に使った時間は、余っている時間として考え、本当にやらなければいけないことを積極的に有効配分していく、これが時間配分を変えることで自己変革につながるという図式です。

2つ目は住む場所を変えること。

これは、今と視点を変えるという意味です。引っ越しをするとなれば、コストもエネルギーも時間も使いますが、それを差し引いても自分の人生に重要だと思える場所に住むことは、視点が変わり、新たな発見があります。そうすると感度が高まり、感性が磨かれ、脳が活性化され、自己変革につながる、というロジックです。

3つ目は、付き合う人を変えること。

いつも付き合っている仲間や友人は基本的に気の合う安心できる人たちだと思います。しかし、気の合う仲間ほど役に立たない人たちはいない。と大前氏は言います。なぜなら気の合う仲間からだと新たな刺激を受けることや、反発することが少ないので、今までと視点が変わらず、視野も拡がらず、結果何も変わらない。だから、あえて気の合わない人や、意見が衝突する人と付き合うことで、新たな視点や自分にない発想に出会えるということです。

実は②や③については芸能界を引退した島田紳助氏も、同じことを少し違う角度から言われていますのでご紹介します。

「成功したかったら、今住んでいる場所から引っ越して、昔からの友人との関係を一旦断ち切ること」

これは、環境を変えないで居心地のいい今に安住してしまい、行動を変えなくても楽しければいい、たとえ上手くいかなくても傷の舐《な》め合いで済ましてしまうなど、結局何も変わらないという理由からなんですね。

そうやって考えてみると、私たちは今の生活スタイルや習慣が固定観念化して潜在意識に刷り込まれてしまうようです。それが自己変革を目的とした場合、大きな壁になっているようです。

また、変化することに対しては、自分以上に周囲から潜在意識に影響を受けやすく、変化を拒《こば》む原因となります。物理的に環境を変えるということは、非常に現実的な方法だと思います。とはいえ、すぐに引っ越しをするのは難しいと思いますので、たとえば通勤ルートや手段を変えてみてはいかがでしょう？

最寄りのひと駅手前で降りて歩いてみる。ダイエットでよく使われる手法ですが、これだけでも随分新たな発見があると聞きます。

あえて「苦手だな〜」と思う相手を食事などに誘ってみる。おそらく意外な一面や、貴重な情報に出会うことになるでしょう。

「やっぱり嫌な奴だ!!」となる可能性が大ですが…。(笑)

脳が活性化され、自己変革につながることは間違いないでしょう。あなたは何から変えていきますか？

堀紘一流自己変革法と潜在意識

元ボストンコンサルティンググループ社長で現在はドリームインキュベータの会長を務める日本における経営コンサルタントの先駆けである堀紘一氏。

著書『自分を変える読書術』で人生を楽しく生きる方法を3つ紹介されています。

①金持ちに生まれる
②有名人の子どもに生まれる
③読書で教養を身につけて一流の人間になる

①と②は自分で決められないことです。生まれた環境ですべてが決まるようで、寂しいやら、腹立たしいやら、やるせない気持ちになる人も多いと思います。でも私たちには③が残されています。努力次第で自分自身や人生を変えることができます。思い立ったときにいつでもはじめられるのが読書の良いところです。

堀氏は本の中で「学歴」よりも「学習歴」が大切だとも仰っています。非常に勇気づけられる考えですね。特に私のような遅咲き人間には心に響くものがあります。

読書は「トレーニング」や「練習」にあたるものだと考えています。経験のないことを体験でき、常に新しい知識を得られます。いざというときに読書によって得た知識が出ることは、「トレーニング」や「練習」の蓄積されたものが出るのと同じだと思います。これがビジネスにおける読書の効用です。

知識は繰り返し「練習」することで身につけることができます。

これが「行動のパターン化」です。子どもの頃、自転車に乗るコツ、泳ぐコツを身につけたときのことを思い出してみましょう。

誰しも初めはうまくできなかったはずです。でも、何度も何度も繰り返していくうちに、気がつくと自然にコツがのみ込めて、できるようになっていた…。こうした練習の効用は、顕在意識と潜在意識の主従関係の賜物《たまもの》なのです。

潜在意識は主人である顕在意識が繰り返し行動しているのをじっと見つめながら、何をしたいのかを懸命に感じ取ろうとしています。

スポーツ選手はよく「練習は決して自分を裏切らない」と語ります。この言葉こそ、顕在意識に対する潜在意識の忠誠心を物語っていると言えるでしょう。

ビジネスを上手くいかせるためには、多種多様なコツをつかむ必要があります。その分練習量も種類も必要になってきます。あらゆるジャンルの本を繰り返し読むことで、同じように潜在意識に深く刻み込まれるでしょう。

それはたとえ転職などで事業内容などが変わることがあっても、かなり応用ができます。

これも主人を守るために潜在意識は深くその記憶を刻んでおき、必要なときにはいつでも引き出せるようにしているからです。

第六章

自己啓発
と
潜在意識

『7つの習慣』と潜在意識

『7つの習慣』は原著の初版が1989年に出版され全世界で3000万部、日本でも230万部も売れたといわれ、今もなお売れ続けている自己啓発書のベストセラーです。

プレジデント誌、タイム誌、チーフエグゼクティブマガジン、フォーブス誌などの名だたるビジネス誌が影響力のある書籍として認めています。

『7つの習慣』には、個人・家庭・会社など人生のすべてにおいて成功するための原則が解説されています。

潜在意識と組み合わせて活用することで夢や願望を確実に実現して成功をつかみ取れます。そこで『7つの習慣』と潜在意識の関係について解説します。

7つの習慣とは以下の7つです。

1　主体的であれ（Be proactive）
2　目的を持って終わりを思い描いてからはじめよ（Begin with the end in mind）
3　最重要事項を優先せよ（Put first things first）

4　Win-Win を考えろ（Think win/win）
5　まず理解しなさい、そうしたら理解される（Seek first to understand, then to be understood）
6　相乗効果を創り出して発揮せよ（Synergize）
7　日々自分を鍛え、切れ味を増すように刃をとげ（Sharpen the saw）

7つの習慣を行う前に重要なこと

著者のコヴィー氏は、7つの習慣を行う前に重要なこととして、「あなたの周囲の問題は、あなたが問題だと思っているから問題なのだ」という真実を知ることだと述べています。

なぜなら、誰かを判断するとき、相手があなたから見て問題だ、間違っていると思うのは、あなたの価値観で見ているから、あるいは自分に都合のよいように物事を見るから瞬間的に相手に問題がある、間違っていると判断します。

このような見方しかできないと、実現できなかった理由を相手や環境のせいにして自分が何もしなければ、また何も変わらなければ、いつまでたっても夢や願望を実現することも人生での成功もできません。

コヴィー氏は、物の見方を変えて自分が変わらなければ周囲の物事も変わらないので、問題はいつも自分の中にあると考える「インサイド・アウト」が必要だといいます。

「インサイド・アウト」とは、内から外に向かって変化していくアプローチ方法です。「業績が悪いのは景気が悪いから」「商品が売れないのは営業力がないから」「仲良くできないのはあいつの性格が悪いから」などと、うまくいかない理由を環境や他人のせいにします。

このようなときに自分を見つめ直して、外にアプローチしていく考えを持つことが「インサイド・アウト」です。もちろん、逆の「アウトサイド・イン」のアプローチをすることもケースバイケースで必要です。

真の成功は人格を育てることから始まる

コヴィー氏は、たとえばとして「樹木を育てるとき、枝葉の形を整えれば一時的に見栄えはよくなる。しかし長続きはしない。格好だけの枝葉は、強い風や気温の変化に負ける。本当にいつまでも見事な樹木を育てるには、根や幹を強くすることが重要だ。根や幹は人間でいえば人格だ。人格主義の発想に基づいて自分を変えることが本当の意味での成功と幸せを呼ぶのだ」。

そして「7つの習慣の実行で人格が高められる。そのためには行動を習慣として身に付けること。習慣として身に付けるには、次の3要素が必要」と言います。

1　なぜ必要か、何をするかという「知識」

2　どのようにするかという「スキル」

3　習慣にしたいという「意欲」

確かに、成功者は人間的な魅力があり、たくさんの人を魅了します。人格に優れていない成功者もいますが、樹木の例と同じように長続きしていないことは歴史が証明しています。

潜在意識を『7つの習慣』に生かす

夢や願望を実現し人生で成功するためには潜在意識を活用しながら、7つの習慣を実行すると効果的です。

(1)「主体的であれ」と潜在意識

コヴィー氏は、第1の習慣として「主体的であれ」をあげています。

「主体的」とは、「人間として自分の人生に対する責任をとること。自分の人生の主役は自分であり、どんな人生にするかを決めるのは自分以外の誰でもないということ」と言います。「他人や環境のせいにしない生き方をしろ！」ということです。

私たちは、日常他人から批判されたり、嫌なことを言われたりします。聖人君子《せいじんくんし》でないかぎり気分を害することは避けられません。

コヴィー氏は、それは仕方がないとしながらも無駄に反応するだけになるな、また反射的に反応するなと戒《いまし》めます。

嫌なことを冷静に自覚してから、自分の行動を選択できるようになれ、そうすれば、環境や人のせいにすることなく、自分の性格や行動を相手に合わせて自分だけでなく相手も変えられるといいます。

人間ですから、これは簡単にはできません。だからこそ習慣にしなければならないとコヴィー氏は最初にあげているのかもしれません。これをできるようにするには、潜在意識に常に思い込むことで可能です。

(2)「目的を持って終わりを思い描いてからはじめよ」と潜在意識

コヴィー氏は、第2の習慣として「目的を持って、終わりを思い描いてからはじめよ」と述べて、この意味は、「知的創造をすることだ」と説明。

たとえとして、家を建てるときは、まず設計図を作り（知的創造）があり、その後、実際に工事が行われる（物的創造）ように「すべてのものは2度作られる」といいます。

人生も同じで人生の方向性をイメージ（知的創造）し、毎日を生きる（物的創造）という2つの創造で作られますが、自分の人生を他人に決められて最後に後悔することのないようにしなければなりません。

そのためには、人間が持つ「自覚」「想像力」「良心」を駆使して、自分の可能性から将来を想像し、良心に基づいて自分の奥底にある価値観をベースにした人生の脚本を作れとコヴィー氏は言います。

オリンピックに出られる、メジャーリーグで活躍できる、歌手になれる、あるいは経営者になれる能力があると思えば、それを最終目的として成功したイメージを潜在意識に持つことは習慣として生かすために重要です。

目的が重要なことは、目的と手段がよく逆転したり混同したりするからです。たとえば、世の中を変えたいと思って政治家を志しても、そのためには選挙に勝つ必要があります。

その結果、選挙運動に勝つことだけが目的になって、最初の信念を曲げるようなパターンです。このことは意外にさまざまな分野でたくさん起きています。

なお、「○○になりたい、したい」も目的というよりも手段であることに注意が必要です。○○になって何をしたいかが目的にならなければなりません。

(3) 7つの習慣の実行を邪魔する自己防衛本能と潜在意識

人間には、原始時代から生き延びるために危険を避ける自己防衛本能、変化を嫌う本能が備わっています。

自分にとって嫌な、不安な、つらいといった受け入れたくない状況や危険と思われる状況のときに無意識的に軽減、回避しようとする本能です。

それ以外にも、仕事が順調にいかないなど、思い通りにならないときに他人や環境のせいにして逃げ道を作ったりします。

他に自分に対して敵対する人、批判する人に対して壁を作って避けたりすることも含まれます。夢や願望を実現するためにしなければならないことを、常にできるほど、意志の強固な人は多くいません。

それは、この「自己防衛本能」が働くためです。

一方、脳神経外科医の林成之教授（日本大学）によると脳には以下の「7つの本能」があるといいます。

1　生きたい
2　知りたい
3　仲間になりたい
4　自分を守りたい（自己保存）
5　自分で何かをやりとげたい（自我）
6　バランスを取りたい（統一・一貫性）
7　違いを認めてともに生きたい

そして、有名なマズローの欲求の5段階（7段階）やヒルガードの7段階の階層図があります。それによると、下位レベルの欲求が一定程度以上の満足ができないと上位の欲求が生まれません。

欲求には下位レベルから以下があります。

1　生理的欲求
2　安全の欲求
3　所属と愛情の欲求
4　承認・評価される欲求
5　認知・知的な欲求
6　調和、秩序、美への欲求
7　自己実現の欲求

自己防衛本能に対して、脳は積極的に行動したいという7つの本能を持っています。

それゆえ、人類は知恵を獲得し進化を遂げてきたと推測できます。この本能を生かし、そしてマズローの欲求の段階説には反するかもしれませんが、現代においては最上位の自己実現欲求を強く持つことが人間の行動力の源泉になる7つの本能をとぎすまして強力にします。

そのために夢や願望、そして成功イメージを潜在意識に強く刻み込ませることです。

まとめると、人間が持つ実現願望欲求と潜在意識と脳の7つの本能を生かして、「7つの習慣」を習慣になるようにできると夢や願望が現実になって成功できるということです。

ナポレオン・ヒルの著書『思考は現実化する』と潜在意識

ナポレオン・ヒルの『思考は現実化する』は、1937年に初版が発行され全世界で7000万部から1億部も売れ、今も売れ続けているといわれるもっとも有名な自己啓発書の1つです。

今も売れ続けているということが、時代を超えて多くの人を引きつける魅力と普遍の真理が述べられていることを物語っています。

『思考は現実化する』には、人生で夢や願望を実現して成功するためにはどのように考え、いかに行動すべきかについて懇切丁寧《こんせつていねい》に解説されています。

その内容は17のステップ・600ページ以上にわたります。キーワードは明確な「目標・願望・信念」を強く持つことと「潜在意識」を活用することの2つです。本書の要点と潜在意識の重要性について解説します。

『思考は現実化する』の要点

本書を読むと、成功者たちが、いかにして願望を実現するために考え、行動し、成功できたのかが分かるだけでなく、どうすればいいのか方法論まで理解されています。

これにより、「望むものを何でも手に入れられる」とまで書かれています。

そして、望むものを手に入れ、成功を成し遂げるには、はっきりとした願望や目標を持ち、それを達成するために燃えるような意欲（信念）をまず持つこと。

次に、できるだけ頻繁に願望や目標を思い浮かべるようにすることだといいます。

なお、成功するまでには人間だから不安や怖れ、フラストレーションに襲われるかもしれません。

しかし、人間は自分で自分の運命を決定できる、「思考・意識はあなたを変える」といい、意識がどれほど強いパワーを持っているかを認識して欲しいと訴えます。人間は、自分が考えているような人間になるのであって、考えなければ願望や成功できる人間にはなれません。

成功は成功を確信する者のもとに訪れ、少しでも失敗を意識すれば成功できないため、成功するイメージを無意識下におけるようにしなければならないと言います。

現在の私たちは、過去の成功者の恩恵にあずかっています。

願望や目標を持ち成功するという信念がなければ過去の科学の進歩はなかったか、何年も遅れたに違いありません。

科学の発見や発明は決して天才がある日、突然ひらめいただけでなく、何十年、何万回にもわたる失敗をしても決してあきらめなかった人の上に成立しています。

また、弱い人間が動物の中から、強い立場になれたのも深く思考できる力を身につけ活用してきたからです。

心に響く『思考は現実化する』の名言

『思考は現実化する』の中には、数多くの参考になる名言が書かれています。

心に響く名言は、どのような立場、環境に置かれているか、どのような課題に遭遇しているかなどによって、また読む人の性格、思考方法などで変わりますが、以下に個人的に響いた名言を記載します。

「成功を引きつけるのは、心の力【思考・信念】である。あなたを成功させるエネルギーは、あなたの心の中にあるのだ。成功は成功を確信する人のもとに訪れる。少しでも失敗を意識すれば失敗する。想像できるものは必ず実現できる」

「明確な願望が成功への扉を開かせる。信念は願望実現の原動力である。信念は自分の意欲で育てることができる」

「揺るぎない信念を持とう。その信念が、あなたの思考を力に変えるのだ。信念が願望や目標と結びついたとき、あなたの望みは実現する」

「繰り返し潜在意識に命令を送り込むことが、信念を自発的に開発する方法である。潜在意識に対して常に、繰り返し、繰り返し同じ考えを命令していけば、潜在意識は次第にその考えを受け入れ、そしてそれに基づいて行動するようになるのである」

「潜在意識は、あなたの願望実現、あるいは目標達成を後押しする眠れる巨人である。積極的な思考を潜在意識に植えつければ、望むものはすべて手に入るようになる」

「願望実現のため詳細な計画を立てること。そしてまだその準備ができていなくても、迷わずにすぐに行動に移ること」

「3つの敵【優柔不断、疑惑、不安】を一掃せよ」

「願望から金銭的な価値を生み出すためには、忍耐力は不可欠な要素である。忍耐力の基礎となるのが意思の力だ。この意思の力と願望が結びついたとき、おそるべき力を持った何かが生まれる」

「成功しようとする人には熱意がなければならない」

「失敗は形を変えた恩恵と思え。失敗と無縁な人は誰もいない。失敗したら、失敗を分析することだ」

「勝利者は断じてあきらめない。あきらめる者に勝利はない」

「批判を怖れることは、成功を怖れることだ」

潜在意識の重要性

『思考は現実化する』では、潜在意識について上記以外にも以下のように多く書かれています。
本書は、潜在意識の重要性を述べている重要な書籍でもあります。

「願望が実現したイメージを潜在意識に流し込む、願望実現までのプロセスと結果を鮮明にイメージし続けると、自然に望ましい行動を起こすようになる。そして、いつの間にか願望は現実に手に入る」

「潜在意識は肯定的な思考と否定的な思考を区別できない（プラスイメージを持つことが重要）」

「1日に2回、起床直後と就寝前に願望を実現したものと考え、そう自分に信じ込ませることが大切である。そうすることであなたは、絶対的な信念を潜在意識に注入したことになる」

「感情のこもっていない言葉では、潜在意識に影響を与えることはできない。潜在意識は感情を込めた自己説得にしか従わない性質を持っている」

「潜在意識にひらめいたことは、直ちに実行せよ。機を逸すると命取りになる」

「潜在意識は、眠っていようと起きていようと、常に働き続けている」

「潜在意識は、信念のような強い感情と結びついた目標や願望については、とりわけ鋭敏にこれに反応するという特徴を持っている。したがって、強い感情と結びつかないものは、潜在意識は受け入れようとしない」

「潜在意識を完全にコントロールすることはできない。ただ、実現させたいと思う計画、願望、目的などを潜在意識に委ねることはできる」

「潜在意識は、努力に関係なく思いのままに働く」

本当に思ったことは実現する！

『思考は現実化する』に書かれていることを実行すれば願望は実現して成功できるのでしょうか？　多くの人が気になる点です。

この書籍が発行されて80年以上経過して、今なお売れ続けていることは何らかの効果があることを客観的に示しています。

また書籍の内容が、５００名以上の成功者やこれから成功する人たちへのインタビューによって書かれています。さらに数多くの現代の有名な経営者、ビジネスマンが実際にこの書籍の内容を活用して、大きな成果をあげています。成功への近道となる方法論として活用できることは間違いありません。

まず、願望（目的）を明確にし、強く持ち、それを潜在意識に刻み込み、『思考は現実化する』を参考に行動すれば、夢や願望を実現できて必ずや成功できるでしょう。

レジリエンスと潜在意識

最近、「レジリエンス」という言葉をよく見聞きするようになりました。「レジリエンス（resilience）」とは「回復力、復活力」という意味の英語です。なぜこの「レジリエンス」が重要視され、注目されているのでしょうか。

それは、「現代社会が複雑化し変化も速く対応するのが困難なこと」「生活していくうえでの経済や労働環境などが不安定で厳しさを増していること」「自然災害が巨大化し頻度も増えていること」「子どもの世界ではいじめ、大人の世界ではさまざまなハラスメントが増加していること」などによって強いストレスや無力感・脱力感を感じる人が増加しているからです。

そのため、「不安や逆境を乗り越える力」「強くて折れない心を持てる力」が必要になってきています。

ストレスを感じないように、不安を持たないように、逆境に陥らないように対処することも重要ですが、完全に防ぎきれるものではありません。

これによりストレス、不安、逆境になったとしても「立ち直る力＝レジリエンス」があると、「何も起こらないこと」を目指すのではなく「何が起こっても問題ない」ことをより重視します。

竹や柳がどんな強風にも枝や幹が折れないと同様に「心」が折れることなく容易に立ち直ることができるようになります。

「強く」というよりも「しなやかに」生き抜く力「レジリエンス」をどのようにすれば身に付けられるか、そのときに必要な潜在意識とともに解説します。

レジリエンスを持つ必要性

子どもの社会では、いっこうにいじめが減りません。大人の対応のまずさもあり自殺を選んでしまう子どもが多いことはとても残念でなりません。

また、自殺は子どもの世界だけではありません。日本の自殺者年齢層は、働き盛りの50代がもっとも多いのですが、事故死よりも自殺が多い国は日本だけです。また、社会に居場所を失い自暴自棄になり無差別殺人のような悲惨な事件が年々増えています。自殺や犯罪に走ることは極めて罪が重く、簡単に防止できる問題ではないことは重々承知していますが、「レジリエンス」にはこれらのことを防止できる可能性を持っているということが言えます。

それは、天災、事故、犯罪、虐待などで強い精神的衝撃を受けた場合、ストレス障害を引き起こし精神的な後遺症（ＰＴＳＤ）になる人と、ならない人がいますが、その差が「レジリエンス」の差であるからです。

厚生労働省によると精神疾患の患者数は２００８年は２１８・１万人ですが、２０１１年には３２０・１万人で約1.5倍に増加。

うち、うつ病（双極性障害を含む）は、同じ期間で43・３万人から95・８万人と約2.2倍に増加しています。

そして、２０１７年度の自殺者は２１．１４０人でその半数から7割が精神疾患を病み、そのほとんどがうつ病であったといわれています。およそ１００万人もの人がうつ病で無気力、集中力・意欲の低下に悩んでいます。

「レジエリンス」があるとストレス、逆境、困難、不安などに直面しても以下の力がつきます。

- 心が折れて立ち直れず逃避したり意欲をなくしたりすることなく、すぐに元の状態に戻れる「回復力」がつきます。
- さらりと事態を「受け流す力」や、現状をはじき返せる弾力のあるいわゆる「打たれ強くなる力」がつきます。
- 動揺して普段の行動が取れなくなったときに、無駄な抵抗をして事態を悪化させることなく、その現状を受け入れて合理的に対応できる「変化対応力」がつきます。

レジリエンスを鍛えて高める方法とは

人によって差はありますが「レジリエンス」は誰にも本能としてそもそも備わっているものですが、トレーニングをすることによって、さらに高めることができます。

久世浩司ポジティブサイエンススクール代表の著書『レジリエンスの鍛え方』によると、7つの技術で高めることができるようです。まず、以下の2つの技術でネガティブ感情に対処できるようにします。

①ネガティブ感情の悪循環から脱出する
②役に立たないという「思い込み」を手なずける

次に以下の4つの技術で「レジリエンス」を高められます。

③「やればできる」という自信を科学的に身に付ける
④自分の「強み」を生かす
⑤心の支えになる「サポーター」をつくる
⑥「感謝」のポジティブ感情を高める

そして、以下の技術で逆境体験を教訓化します。

⑦痛い体験から意味を学ぶ

また、アメリカ心理学会は、「レジリエンス」を高めるためとして以下の10項目を提案しています。

①関係をつくる
②危機は克服できると思う
③変化を受け入れる
④目標に向けて進む
⑤きっぱり行動する
⑥自己発見する
⑦自分を肯定する
⑧展望を持つ
⑨希望を持つ
⑩自分を癒す

レジリエンスを高める決め手は潜在意識

「レジリエンス」は、心の持ち方、考え方ですから特別な知識やこのテクニックを習得しないと高められないというものではありません。ストレスを感じたら「運動する」「呼吸を整える」「音楽を聴く」などの気分転換方法を実行することや、他人の評価を気にしないで自己評価で考えるような気持ちを強く持つ程度です。

また、逆境、挫折、不安などに直面しても、これを乗り越えられれば成長できるとただポジティブ思考であればいいのです。

しかし、今までの習慣や持って生まれた性格による、心の持ち方や感情の切り替えは簡単ではありません。

そこで「レジリエンス」を高めるための効果的な方法としておすすめできるのが、潜在意識の活用です。

意識したくても意識できない潜在意識ですが、脳科学的に効果が認められています。

レジリエンスが弱い人は潜在意識にネガティブ思考が染み付いているから、ストレス、逆境、困難、不安などに対してポジティブな考え方ができないばかりか、受け流すこともできず最悪は「心」が折れて自己否定に至ります。

「自分はこういう人間だ」「これができる人間だ」と常に思い込むことで潜在意識に「できる人間」のイメージを植え付けられます。

潜在意識への思い込みは、とくに就寝前が効果的ですが、意識するだけでいつでも常に実行でき、継続することも容易です。

何ごとにも屈しないという精神や知識を身に付けることは簡単ではありません。

むしろ、ストレス、逆境、困難、不安などを現実として受け入れて、そこから立ち直る、あるいはやり過ごせる「レジリエンス」を高めることが、何が起きるか分からない、この時代には重要だと思われます。

「レジリエンス」は潜在意識の活用がとても効果的です。そして潜在意識は誰でも活用できます。

マインドフルネスと潜在意識

マインドフルネスは「マインド＋ハピネス」に近い語感からか、なんとなくやすらぎ、安心感、心の幸福感などが伝わってきます。

この言葉は、２０１４年11月にＮＨＫニュース「おはよう日本」で紹介されたあたりから広く知られていくようになったと思われます。欧米では10年以上前から注目が集まり、効果があるとして世界的な大企業の社員研修に取り入れられ、スティーブ・ジョブズをはじめとした著名な経営者やエリートサラリーマンが実践しています。

今回は、現代のようなストレスフルな時代に必要なマインドフルネスとは何か、さらにマインドフルネスが潜在意識と大きく関わっていることについて紹介します。

マインドフルネスとは

マインドフルネスは決して流行語ではありません。英語として600年以上前の15世紀から使われ、19世紀には仏教の「念」の訳語としてマインドフルネスが使われたようです。

日本マインドフルネス学会は、マインドフルネスを「今、この瞬間の体験に意図的に意識を向け、評価をせずに、何にもとらわれのない状態で、ただ観ること」と定義しています。

「観る」には、見る、聞く、嗅ぐ、味わう、触れる、さらにそれらによって生じる心の働きが含まれているとしています。

別の表現としては、「今この瞬間の自分自身の体や気持ちの状態に雑念を入れずに気づける心の在り方」です。「念」とは「今と心」から合成されているのでピッタリな訳語です。

また、外見的にも仏教の瞑想（目を閉じて静かに考えること、眼前の世界を離れてひたすら思いにふけること）をすることで、マインドフルネスになれるためよく似ています。

マインドフルネスが必要な理由

ストレスによる疲れはいくら体を休めても回復できません。なぜなら、脳が疲労しているからです。また、脳は放置しておくとネガティブな思考に走りやすく、考えなくてもよいような過去の失敗や嫌なこと、さらにまだ起きてもいないことをネガティブなことを想像しやすいので脳の疲労感は簡単に抜けません。

常にポジティブな人もいますが、脳の多数派はネガティブ思考です。これは、多くの人が褒められたことよりも嫌なことをより強く、長く、しつこく持ち続けることで分かります。

マインドフルネスの効果

脳を休息させ、脳の能力を高められるのがマインドフルネスです。マインドフルネスの効果については、学術論文が多数書かれて立証されています。マインドフルネスの効果は次のとおりです。なお、次の4項目が、学術論文を厳しく精査して科学的に間違いがないとアメリカのウィスコンシン大学の脳神経学者らが発表した効果です。

①集中力の向上

不安や怒りなどのネガティブな状態では、注意力を発揮させる脳の部位が働くなることが脳科学で判明しています。

かになっています。

②ストレスに対する耐性の向上（ストレス軽減）

ストレスの多いでき事から比較的早く回復、またストレスの感じ方が弱くなることが明らかになっています。

③記憶力の向上（創造力の向上）

進行中の思考プロセスを保持する短期記憶に優れていることが、マインドフルネスを実践すると大学生の大学院入学試験の点数が平均16％上昇したことで分かりました。また、複合的な思考能力が強化されるとしています。

④思いやり・寛容さの増大

思いやりをコントロールする脳の神経回路を活性化することで、寛容さが増大することが分かっています。

⑤免疫機能の向上

ストレスを軽減できてリラックス状態になると、免疫力が向上するといわれています。

⑥ドラッグやアルコールなどへの依存度の改善

アメリカのニューメキシコ大学の研究結果が発表されています。

⑦心疾患予防効果

アメリカ心臓協会（ＡＨＡ）が、心疾患のリスクを軽減する可能性があると発表しています。

マインドフルネスと潜在意識の関係

マインドフルネスの方法についてはたくさんの情報がありますので、そちらを確認していただくとして、ここでは潜在意識を活用できないとマインドフルネスが効果的にできないことを紹介します。

マインドフルネスで大切なことは、心の安らぎを得て脳を休めることです。しかし多くの人の、頭の中には、心配なこと、不安なこと、つらいこと、悲しいこと、嫌なこと、やらねばならないこと、焦りなどネガティブな考えが、楽しいこと、面白いこと、期待することなどのポジティブな考えよりも多く浮かんできます。なぜなら、ネガティブなことほど潜在意識に強く刻み込まれているからです。

瞑想の達人になれば容易に「無」の状態になれるかもしれませんが、実は瞑想とは「無」になることが目的ではありません。

瞑想をするほど、さまざまな考えが浮かんできます。瞑想では、むしろさまざまな考えが出てくることが重要であって、それを無理に「無」になろうとすることは瞑想を否定するものです。

頭の中に浮かんでくることは、心の奥底に抱えている感情です。仏教では考えても問題はなく、むしろ考えるべきだといいます。また、浮かんでくる考えを否定せず、認めることが大切といいます。

それを繰り返しているうちに、頭の中に何も浮かんでこないようになるときがあって、それが「無」の境地といわれます。つまり、「無」は目指すものではなく瞑想の途中に訪れる1つの境地です。

そして、仏教での本当の瞑想の大切さとは、ここから始まります。「無」になれたということは、それ以上考えることのない境地、つまり問題の核心に触れられたことを意味します。そのため、「無」になれた頭では、潜在意識が活動して、物ごとの真理の発見や解決方法につながる答えが浮かんでくるといいます。

マインドフルネスの効果を手軽に効果的に生かすには、ネガティブな問題に深く向き合うよりは瞑想したときにポジティブな考えが潜在意識から容易にわき出てくるようにした方がより早く「無」の境地になれます。

夢や願望をかなえるためのアイデアや手段を思いつくかもしれません。思いつかなくてもマインドフルネスの７つの効果が得られます。

潜在意識を生かせるようになって、マインドフルネスを生かせれば、あのスティーブ・ジョブズに少し近づけるかもしれません。

ＮＬＰ（神経言語プログラミング）と潜在意識

ＮＬＰとは、アメリカのオバマ、クリントン、レーガン大統領やゴルフのタイガー・ウッズ、テニスのアンドレ・アガシ選手、女優のニコール・キッドマン、歌手のレディ・ガガなどの著名人も利用したという実践的で効果的とされる心理療法のことです。ＮＬＰを理解すると次のような効果が得られます。

・コミュニケーション力が高まって人間関係・信頼関係を築ける
・ネガティブな考えをポジティブにできる
・人を動かすリーダーシップが取れるようになる
・コンプレックスやストレスを軽減できる
・説得力のあるプレゼンテーション力や人への影響力を高められる
・自分に自信を持てるようになる
・コーチング力やカウンセリング力を向上できる
・自己に対するイメージ力を高め夢、希望、目標などを実現できるなど多数の効果

これにより、ＮＬＰはビジネス、スポーツ、教育、恋愛、友人関係などで「コミュニケーションが苦手で人間関係を円滑にできない」「コンプレックスや緊張で目標達成ができない」「説得力・影響力・プレゼン力が弱い」「ネガティブな感情が強く失敗すると思うと恐怖で前向きな行動ができない」などの課題や問題などを打破できます。

そこで、ＮＬＰとは何か、ＮＬＰに重要な潜在意識の働きについて解説します。

ＮＬＰとは？

ＮＬＰとは、「神経言語プログラミング」を意味する英語の「Neuro Linguistic Programing」の頭文字を取った略語で１９７０年にアメリカで開発された、人の心の問題を解決する理論や手法（心理療法）のことです。

ＮＬＰは、当時卓越した実績・成果をあげていた異なる分野の３人の著名なセラピスト（心理療法家）が、どのようにして成果をあげているのか共通する要素を抽出し、心理学や言語学を用いて研究することで開発されました。

共通の要素とは、３人の話し方、言葉、表情、動作などです。これにより優れた成果をあげられる心理療法を他のセラピストにもできるようにしました。３人のセラピストとは、「ミルトン・エリクソン（催眠療法家）」「バージニア・サティア（家族療法）」「フレデリック・パールズ（ゲシュタルト療法）」です。

この３人は心理学に大きな影響を与え、その考え方・手法は現在でも生かされています。

ＮＬＰは日本語で神経言語プログラミングといいますが、「神経」とは視覚、聴覚、嗅覚、味覚、触覚の体で感じる五感のことです。人は五感で体感したことを言語で意味づけして記憶します。

こうした記憶が積み重なり、年齢を重ねると新しいでき事に対して固有のパターンを持った考え方、反応、生き方をするようになります。ＮＬＰでは、この固有のパターンをプログラミングと呼びます。

たとえば、犬にかまれたり、崖から落ちたりして大きなケガを体験した人は個人差がありますが、体験していない人に対して犬や高所に強い嫌悪感や恐怖感を持ちます。

これは、体に記憶されたプログラムが犬を見たり、高い崖に立ったりすると記憶から呼び出されるからです。こうしたたくさんの体験がプログラムされて、いったんでき上がってしまうと、頭で考える以前に条件反射のように体が反応します。

たくさんの条件反射の中には、メリットになる大きなプラスの反応もあれば、デメリットになって克服したいマイナスの反応があります。

NLPは、卓越した心理療法家の手法を用いることで、こうした条件反射になっているデメリット・マイナスの思考や行動のパターンを改善できます。

NLPは、当初はトラウマなどを抱えた人の心理療法（セラピー）の分野で活用されてきましたが、その後3人の心理療法家だけでなく他の分野の優れた専門家の手法を同様に研究することで、現在は、さまざまな分野で利用されています。

NLPと潜在意識の関係

人は、体験を元にした記憶が人それぞれ固有のパターンになって条件反射のように現れます。犬は怖くない、この程度の高所は怖くないと頭で考えてもなかなか克服できません。それは、深い潜在意識の中に記憶されているからです。そのため、ＮＬＰを理解し、ＮＬＰを生かすには潜在意識に関する理解が必要です。いくら顕在意識の頭で理解して改善しようと思っても、潜在意識が拒絶すると条件反射のように現れる反応パターンを改善できません。さまざまな分野で効果的に利用できるＮＬＰを生かすには、潜在意識から変える必要があります。

ロングセラー『思考の整理学』と潜在意識

35年以上も前に出版された書籍でありながら東大・京大の生協の書籍販売ランキングで長年1位を獲得していることで注目され、売れ続けているのが外山滋比古《とやましげひこ》氏の著書『思考の整理学』です。

その累計発行部数は２０１８年2月現在で２２５万部にも達しています。この書籍が、２０１８年夏の高校野球の優勝校である大阪桐蔭高のレギュラーメンバーで、プロ野球ドラフト会議で4球団が競合し、中日ドラゴンズに入団した根尾《ねお》昂《あきら》選手も愛読していたということで、あらためて注目を集めています。

根尾選手は、スポーツだけでなく学業にも優れ、高校入学後に医者の父親から2カ月おきに10～20冊も送られてくる書籍を厳しい練習の合間に読破していたという読書家です。

『思考の整理学』は、これからの時代に必要なことを教えてくれます。これからＡＩ（人工知能）がますます発展していく中、ＡＩに取って代わられる職業が半数近くあると発表されて話題になりました。

また、日本はこれから急激な人口減に向かっていきますが、必然的に今のままであればＧＤＰ（国内総生産）は減少していきます。１人あたりのＧＤＰを維持し、経済的な豊かさを実現するには、より効率的に経済的な成果を生み出すことが必要と、総務省は平成30年版の情報通信白書で述べています。

人口減の中でＧＤＰを上げるためには、労働生産性をあげなければいけませんが、日本の労働生産性は、ＯＥＣＤ加盟35カ国中では21位で、先進国のＧ７の中では最下位です。

決められたことしかできない仕事のやり方や、既存の知識だけからは飛躍的な付加価値を高める発明やアイデアは生まれてきません。

ブレークスルーを生み出す創造力が必要です。また、個人としてＡＩが進歩する時代に生き残るには、ＡＩではできない、自ら新しいものを考え、つくりあげる創造性が求められます。

『思考の整理学』には、ＡＩが苦手とする創造性を養える方法が、時代を超えて普遍の真理として書かれています。そして、それには潜在意識が強く関わっていることについて紹介します。

『思考の整理学』の概要

35年も前の書籍ながら冒頭で「グライダーと飛行機は似ているが、グライダーは自力で飛べないから。自分で飛べない（思考ができない）人間は、コンピューター（現代であればＡＩ）に仕事を奪われる」と著者は警告しています。

グライダータイプの人間は、指示があると物事をうまくこなせますが、自発的に物事をこなせません。

風を受けなければ飛べない（思考ができない）、自発的には物事をこなせない「受け身」の人間です。

一方、飛行機タイプの人間は、自力で（自発的に）どこにでも飛んでいける（思考できる）人間です。

飛行機になるために暗記型の脳から思考型の脳にどのように変えていくかのヒントについて、たくさん述べられています。

「思考を整理するには寝かせることが重要」「知識はいたずらに所蔵してはいけない」「必要なもの以外は忘れる」などです。

これからの時代に必要な創造性と潜在意識の関係

日本人は努力が好きな人種で、7割近くが「努力すればいつかは必ず報われる」と考えているというデータがあります。しかし、著者は「努力をすれば、どんなことでも成就するように考えるのは思い上がりである」と述べています。

そのため、「努力してもできないことがあるので、そのときは時間をかけるしか手がない。幸運は寝て待つのが賢明である。ときとして、一夜漬けのようにさっとでき上がることもあれば、何十年という沈潜ののちに、はじめて、形をととのえるということもある」と、無意識の時間を使って考えを生み出すということにもっと関心をいだくべきだと述べています。

ここでの無意識は、1つに集中するとよい考えが浮かばないので「無＝遊び」の時間が必要という意味もありますが、そのような時間にふっと現れるのは、顕在意識ではなく潜在意識であることも意味しています。

著者は、創造的な思考ができる方法として、日々の着想《ちゃくそう》をすべてメモなどに残し、時間を置いて見返し、まだ「面白い」と思える着想は、ノートに書き写し、そして、さらに時間を置いて、ノートを見返し、まだ「面白い」と思えるものを、別のノートに書き写すことをすすめています。

その間、新しい着想は書き加えます。

最後にできあがったノートに書かれたアイデアは、瞬間的な興味から思いついたものではなく、自分の関心に強く結びついたもので、時間の経過とともに独自の視点も多く含まれ、アイデアは熟成されると述べています。

こうした作業を繰り返すなかで、そのアイデアは潜在意識にイメージとして強く残ります。

独創的で新しいアイデアは、今までにまったくなかった発想だけでなく、意外なアイデア同士を結びつけることでもできます。

これを実現させるのは、顕在意識にあるレベルの知識ではなく、潜在意識にある知識が無意識な瞬間に結びついて、アイデアとして具現化すると考えられます。食事中、トイレ中などで突然、新しいアイデアが浮かんだという話はたくさんあります。

強く意識することで、そのことを考えていない無意識な瞬間にアイデアとして浮かぶのは、深い潜在意識のところで意識（知識）同士が連結を繰り返しているのではないかと推測されます。

著者は、その他にも意識について、その重要性をたびたび語っています。知識は、強く意識してこそ、顕在意識で考えていない瞬間に新しいアイデアとして湧き上がってきます。

創造性を高めるには潜在意識で活用することが重要なことを物語っています。

第七章

近年話題になったことと潜在意識

平成の怪物・松坂大輔選手の復活と潜在意識

プロ野球の松坂大輔選手は紹介する必要もないほどに有名なスポーツ選手です。日本プロ野球とアメリカのメジャーリーグでの活躍は、多くの野球ファンを魅了し続けてきました。

しかし、近年は度重なるケガに加え年齢的な衰えも加わって球団から戦力外通告を受けながらも、現役続行にこだわり勝利を目指して努力を継続。

その努力のかいもあって、２０１８年に日本では実に12年ぶり、アメリカでの勝利からも4年ぶりにようやく勝ち星をあげます。天才、平成の怪物といわれた松坂選手の経歴や挫折を追いながら勝利を求め続けた強い気持ちと潜在意識の関係について紹介します。

松坂選手の栄光と挫折と復活の履歴

松坂選手は、小さい頃から注目され、横浜高校に進学してからはエースとして１９９８年の春と夏の全国高校野球選手権で連続優勝。平成の怪物と呼ばれたことは、20代後半以降の日本人で知らない人はいないほどです。

その後、日本プロ野球の西武ライオンズに入団し、輝かしい球歴を残した後にメジャーリーグに挑戦。野球の本場アメリカでも大活躍したことはよく知られています。

しかし、ケガや年齢よる衰えもあって、8年間在籍したメジャー・リーグから戦力外通告を受け退団。

野球への情熱を捨てない松坂選手は、日本のプロ野球界に復帰、ソフトバンクに入団。日本プロ野球での勝利を目指しますが、ソフトバンクに在籍の3年間で1勝もできなかったことから球団は2017年にコーチ契約を結んで現役への復帰を目指すことをすすめます。

これに対し、松坂選手は感謝しながらも拒否。あくまでも現役一本での続行にこだわり同球団を退団。新天地を探すことを決め、最終的に2018年に中日ドラゴンズに入団し現役選手として再出発を図ります。

その結果、2018年に中日ドラゴンズで奇跡の復活を果たします。挫折から見事に復活し4勝をあげるまでの努力に対する称賛、および今後のさらなる活躍への期待を込めて松坂選手がプロ野球オールスター戦に投手としてファン投票で1位に選ばれたことは、まだ記憶に新しいでき事です。

なお、松坂選手の２０１７年までの日本プロ野球とアメリカのメジャーリーグでの成績と２０１８年復活後の記録は以下のとおりです。

今後の活躍が期待されます。２００勝して名球会入りも今後の活躍次第では決して不可能ではないでしょう。

日本プロ野球１０８勝60敗防御率 2.93
アメリカメジャーリーグ 50勝43敗防御率 4.45
日本プロ野球（２０１８年）６勝４敗 防御率 3.74
通算１７０勝１０７敗 防御率 3.50

復活前の松坂選手の厳しい現実

２０１８年に中日ドラゴンズに入団するまでの経過をみると、入団できる球団を探すことすら難しいと思われ、仮に入団できたとしても２０１８年に復活できる可能性はほとんど考えられないほどに厳しい状況でした。

松坂選手は、2015年に8年ぶりに日本プロ野球に復帰しますが、右肩痛に悩まされ、2017年までの3年間で1軍での登板は1試合1イニングのみ。

その試合でのピッチングでもヒット3本を打たれ、失点5点（自責点2点）を計上、結果を残せていません。球団が提示したコーチの契約をして現役続行を目指すプランは極めて異例の温情ある提案でしたが、その契約をしてしまうと登録選手から外れ、実質的に現役選手ではなくなるため退団を決意します。

3年間の実績からみて戦力外通告を受けて当然のところに現役続行の可能性を残して契約ができれば、普通の選手は受け入れると思われます。

それをあえて先の見えない、厳しい状況が見込まれる現役続行を望んだ松坂選手の気持ちは、私たちに強烈なメッセージを与えます。

私たちは、とかく安易で楽な生き方を選択しがちです。

松坂選手の生き方、選択は現役選手としての活躍から受ける感動よりも、より強い感動を与えます。

松坂選手が厳しい状況でも現役選手を目指す理由と潜在意識

松坂選手の気持ちを知らないと、「最後の悪あがき、現役にこだわるわがまま」とみえなくもありません。

松坂選手は高校入学の当時は練習嫌いだったと言われています。

その松坂選手が、故障箇所のリハビリや復活を目指すための投球練習に打ち込むのは、松坂選手の潜在意識に見えている「復活という夢が実現できる」という確信があるからだと推測できます。

なぜなら松坂選手は、「夢は見ることはできても、それだけではかなわない。だから、夢を見るのではなく見る時間があるなら目標を立てて、それに向かって努力する」と語り、「メジャーリーガーになりたいと思ったことは一度もない。なりたいではなくて、なるのだと思い、何が足りないのか、何をすればいいのか、そう考えてずっとやってきた」という趣旨のことをさまざまな場面で述べています。

夢を潜在意識に強く持ち、夢だけを持っても何も実現しないから、実現できることを確信して努力をした結果が、今までの松坂選手を作っています。

挫折後の復活も夢を捨てずに努力すれば思いはかなうと信じられるからこそ、安易な妥協をしないで自らを厳しい状況に追い込んでも気持ちがぶれないと推測できます。

２０１８年に見事に復活し、６勝をあげた松坂選手。松坂選手がユニフォームを脱ぐ決断をしたときは、完璧なまでに自分自身がやれることをやりきったときでしょう。

人生を悔いなく終わらせるには、どんなに厳しい状況にあっても強い夢を確信として潜在意識に持って、それを実現させるための努力を怠らないことです。このことが、今回の松坂選手の復活から学べることではないでしょうか。

２０１８年夏の高校野球での金足農業高校の活躍と潜在意識

第１００回記念大会の夏の甲子園高校野球選手権で秋田県立金足農業高校は、残念ながら優勝こそ逃しましたが、見事に準優勝を成し遂げました。

決勝では予選から準決勝まで１人で投げぬいたエースの吉田輝星《こうせい》投手の疲れもあって、優秀な選手が集まったエリート集団の大阪桐蔭高校に大差で敗れました。

しかし、決勝に進出するまでには、３回戦で横浜高校、準決勝では日大三高など大阪桐蔭高校同様の強豪高校を次から次に撃破。

この結果に全国の多くの人が感動し、心から拍手を送り、興奮の余韻がいまだ覚めないで続いています。

金足農業高校が感動と興奮を呼んだのは、いくつもの要因が重なっているからです。

まず、私立の強豪高校を、全員が地元中学校出身の公立高校が、次から次に撃破したことでした。さらに、エースで甘いマスクの吉田投手による4試合連続2桁奪三振の豪腕ぶり。加えて、強豪校相手の勝ち方も、今までホームランを打ったことのない選手の逆転3ランホームランや金足農業の監督さえ驚いたという意表を突いた逆転2ランスクイズなど劇的でした。

そこで、金足農業の野球と選手と潜在意識との関係について紹介したいと思います。

金足農業高校が大活躍し準優勝できた理由

公立の金足農業高校は、全国の有力選手を推薦入学や自ら志願してくる有力選手の多い有名私立の強豪高校に対し戦力的には劣っていました。

個々の選手の力だけをみると金足農業高校が準優勝できたことは奇跡と思われたからこそ、あれだけの感動を呼んだといえます。

強豪高校を次々に撃破して、金足農業高校が準優勝できた理由・強さの源泉はどこにあったのでしょうか。

また、選手が個々の自分の能力を上回ったと思われるパワーはどこからきたのでしょうか。

近年の高校野球はバントをあまり使わない積極的な打撃中心になっていますが、昔の高校野球といえばランナーが塁に出れば、まず送りバントをするのが主流でした。金足農業高校はそのバントを徹底的に練習しました。

その理由は、打撃に優れた他校の選手と同じように積極的な打撃をしていては、勝てないからと金足農業の監督は考えたからです。

その結果が、準々決勝の近江高校での2ランスクイズの成功となって見事に現れます。

また、体力作りとして、冬の間は深い雪で覆われる秋田という雪国のハンディのある練習環境で、走りにくい雪の上を長靴で走り、ときにはチームメイトをかついで歩いて足腰を鍛え抜いたことです。

これが、予選5試合、甲子園の決勝までの5試合の10試合をすべて完投できた吉田投手の体力につながったのでしょう。

ただ、甲子園での準々決勝前には、直前まで投げられないかもしれないというほど、吉田選手の体は悲鳴をあげていたといわれています。

その試合を含めて、その後2試合を完投、決勝では途中降板するまで投げぬいたのは強い精神力であったからでしょう。

技術、体力以外の理由としては、吉田投手を中心としたチーム全体の連帯感と信頼感が強かったことが考えられます。

吉田投手が、秋田県内で注目を集めていたことから吉田投手と一緒であれば甲子園出場ができると信じて、同じ高校に進学したチームメイトが多かったということです。

そのため、吉田投手を中心とした連帯感と信頼感で結ばれた強い絆があったと考えられます。エリートの野球少年が集まった強豪高校では、少年時代からエースで4番という選手が多いので、連帯感や信頼感においては金足農業高校には劣ったと思われます。

これが見事に現れたのが、2ランスクイズのときの二塁ランナーの判断です。普段からバントのうまい打者を信頼し、失敗はしないと確信して全力で走ったことから2ランスクイズに成功します。

また、横浜高校戦で2点差の8回裏に逆転の3ランホームランを打った選手にも、ここで負ければ、もう仲間と甲子園で野球ができないという強い連帯感が後押しして憧れの甲子園での高校初のホームランにつながったと思われます。

もし、ここで「俺が打ってやる」というお山の大将のような意識があれば、力んで打てなかった可能性があります。逆に金足農業の選手には、無欲で連帯感からくるパワーがよい意味で「火事場の馬鹿力」として出たのでしょう。

金足農業高校を躍進させた潜在意識の働き

金足農業高校の潜在意識が、もっとも強く表れたのは、これもまた2ランスクイズです。通常のスクイズは、三累ランナーを返すのみで2塁ランナーまでも返すことはリスクが大きいため行われません。

金足農業の二塁上にいた選手が、頭で考えて判断していたら、脳が走れという指示を出す、そのわずかな瞬間でアウトになっていた可能性があります。

しかも一か八かの無謀な判断で成功したのではないことは、監督の談話を聞くことで分かります。監督は、「二塁ランナーの選手はチームで一番足が速く、内野手がどこでバントを捕ったかを見て走ったと思う」と語っています。

瞬間の判断力は、脳で考えていてはためらいが生じます。潜在意識にイメージされていないと、0.1秒前後の単位で遅れたのではないかと思われます。

その結果、2ランスクイズに失敗していたかもしれません。

安室奈美恵さんの引退と音楽と潜在意識

平成を代表する歌手の安室奈美恵さんが、くしくも平成最後の年に40歳という若さで引退をしました。年齢や影響力を考えると誰もが早すぎる引退と考えていますが、このような決断や生き方も安室さんの大きな魅力の1つです。

美空ひばり、山口百恵、松田聖子さんなど時代を代表する女性歌手はいましたが、とりわけ安室さんは、音楽と歌手としての生き方で実に大きな影響を女性に与えました。

一般的に芸能人はマスコミと持ちつ持たれつの関係で、互いに利用しあう関係を維持しています。

しかし、安室さんはメディアへの露出を最小限にし、ライブ中心の活動を行っていました。

これは、できるだけ多くの人に好きになってもらうことよりも、素の安室奈美恵を本当に愛してくれるファンだけに見に来てほしいという考えからではないかといわれています。

古くから女性は、男性に比べると夫や子どもなどの家庭や社会通念から自己主張をできず自己犠牲を強いられてきました。

しかし、安室さんは、多くの芸能人が、時代や世間に合わせた活動をする中、その生き方はマスコミや時代に自身を合わせることなく、やりたいことを追求し軸がぶれていません。

その姿勢、考え方が音楽を通して多くの女性に強い影響を与えました。そこで、安室奈美恵さんという歌手を通じて、音楽がいかに強い影響を自分自身や人に与えるかについて潜在意識の面から考えてみたいと思います。

音楽が持つさまざまな効果

音楽が人間の感情・意識に強い影響を与えることは、多くの人が実感しています。たとえば、音楽には、イライラとした感情や、つらくて苦しい気持ち、落ち込んだ状態などを抑えて鎮めるリラックス効果・ストレス発散効果、潤い効果があります。

また、自己否定や現状を否定するマイナスな感情をプラスの前向きな感情に転換させてくれる効果もあります。

これらの効果は、多くの人が実感しているから何となくあると考えられているのではなく、大学などの研究機関による調査や研究で実証されています。

近年は、医療分野での治療や女性の出産時の痛みを緩和することなどにも取り入れられています。その他にも、音楽には記憶力、集中力、作業効率をアップさせる効果もあります。好きな音楽を好きな音質、好みの音量で聴くと血圧の高い人たちは血圧が低下し、血圧の低い人たちは血圧が上昇するという効果なども体感だけでなく科学的な研究として確認されています。

音楽は強く潜在意識に関係し夢の実現にも大きな影響を与える

文化のあるところには必ず音楽があります。人間はリズムがあれば意識しなくても体が動き、メロディーや歌詞は意識して覚えなくてもいつまでも心の奥底の潜在意識に強く印象づけられて記憶に残ります。

そのため、人生の節目や挫折、喜び、悲しみなどを感じたときに聴いた音楽は、その後の人の行動や意識を変える力をもっています。

このことは、多くの人が音楽に影響されて人生や考え方、生き方が変わったという経験を持っていることで分かります。

その理由は、音楽が聴覚を通じて、脳の大脳辺縁系という部位に伝わって感情に直接働くから、多くの人が音楽に大きな影響を受けると考えられます。

大脳辺縁系とは、大脳の奥深い場所にあって感情、意欲、記憶などに大きな役割を果たしている部分です。

音楽だけでも記憶に残りやすいうえに人体の構造上も潜在意識に強く残り、その意識によって感情に強く働き、前向きな意欲が湧いてきます。

多くの音楽を聴き、感動し、その音楽を伝えてくれる歌手の生き方、考え方と自分の感情を同期させて潜在意識に音楽につながった夢を持つと夢への実現へ大きく進めるでしょう。

安室さんのように、生き方、考え方に強い主張があると、より音楽に強い影響を受けて夢への実現や、今までの生き方を変えられる大きな原動力にできます。

音楽は潜在意識に入りやすいことから、意識して音楽を活用することをおすすめします。

タイガー・ウッズ選手
5年ぶりの復活優勝と潜在意識

タイガー・ウッズ選手が、ＰＧＡツアー最終戦の２０１８年9月23日に実に5年ぶりの優勝を果たし、この年のマスターズ大会を制しました。かつては世界ランキング１位を長く続けましたが、さまざまな心身両方のトラブルから一時は世界ランキングも１１９９位にまで落ちていました。

まさに地獄のようなどん底から劇的な復活優勝を果たしました。逆境からはい上がって勝ち取った優勝は、過去のウッズ選手の優勝とはまた違った感動を多くの人に与えました。そこで、ウッズ選手がなぜ復活できたのか、その理由を潜在意識の面から考えてみたいと思います。

ウッズ選手の栄光と転落の軌跡

ウッズ選手は、あらためて紹介する必要のないほどの実績を持つゴルフ界のスーパースターです。１９９７年にゴルフの権威ある4大会の１つマスターズ大会において史上最年少の21歳で優勝、同じく21歳で史上最年少の賞金王に輝きます。

その後２００１年度までに残る３つのメジャー大会すべてで優勝し最初のグランドスラムを達成。その後、２００５年までに2度のグランドスラムを、２００８年までに史上２人目となる3度のグランドスラムを達成するなど輝かしい記録を樹立します。

しかし、２００９年に多くの女性との不倫問題に端を発した妻とのケンカが原因で起きたといわれる交通事故や、高額買春疑惑、離婚などで世間を大きく騒がせてからゴルフがおかしくなります。

この問題でウッズ選手は自らプロゴルファーとしての活動を無期限で自粛することを表明。その後、２０１０年3月に復帰を表明。ＰＧＡツアーで優勝し、ＰＧＡツアー優勝回数で史上2位や史上初の生涯獲得賞金1億ドル突破を果たすなど、いったんは復活を果たしました。しかし、腰の故障もあり、その後はゴルフ大会の予選で最下位になることもあるほど不調をきわめます。

そのよう状況の中、記憶にも新しい２０１７年、警官に職務尋問を受けたときの生気がまるでない顔が世界中に配信され衝撃を与えました。

薬物疑惑や飲酒運転の疑いで逮捕されるなど、ゴルフのみならず私生活でもどん底を味わいます。

ウッズ選手が復活できた理由

ウッズ選手ほどの才能があっても私生活の問題や体の不調でどん底状態のときは、周囲の親しい関係者には「もう2度とプレーしないと思う」と漏らしていたことがあると伝えられています。

体も腰が悪くゴルフはもちろん、座ることも歩くこともままならなかったようです。このようなウッズ選手が5年もかけて2度目の再起を果たして優勝することは、一般的にいっても困難なうえに、特にゴルフはメンタルが重要なスポーツであることから心身の両方が崩れている場合はなおさら困難なことであったでしょう。

ウッズ選手が、過去に経験もしたこともない5年にわたる長い期間の不調を乗り越えて、優勝できたことは、類まれなる運動能力もあったでしょうが、ウッズ選手の心に秘めた思い、潜在意識が貢献したのではないかと思われます。ウッズ選手の以下の名言から、それがうかがいしれます。

「大きな夢を持って、その夢を持ち続けるんだ。その夢はきっと、君を他の人とは違う、特別な存在にしてくれる」

「たとえ負けていても、自分は絶対勝てるんだって、いつも信じてなくちゃ」

潜在意識に常に大きな夢を持ち、自分を信じきることを言い聞かせることが逆境のときには重要な役割を果たします。

潜在意識の重要性を物語るウッズ選手のエピソード

ウッズ選手は優勝がかかるような場面で、優勝を争う相手選手がパットをするとき、「入れ！」と念じているというエピソードがあります。一流選手であっても相手のミスを願うのが一般的です。

潜在意識をうまく活用するには3つの特性を知ることが重要です。

①潜在意識は自他の区別がない
②潜在意識は否定語を理解しない

③潜在意識は冗談を理解しない

ウッズ選手のエピソードは、1番目の「自他の区別がない」そのものです。潜在意識では、他人のことであっても区別ができないので自分に作用してしまいます。

常に他人に対してもネガティブな感情を持たないことが結果的に自分に良い作用をもたらします。

お笑い芸人ダウンタウン松本人志の才能と潜在意識

毎年さまざまなお笑い芸人がブレークしますが、多くは1、2年でブラウン管から姿を消していきます。5年、10年と長く活躍し続けられるお笑い芸人は多くありません。

しかし、松本人志さんと浜田雅功さんがコンビを組むダウンタウンは、テレビに出演し続けるだけでも困難な中、冠番組を現時点で4本も持っています。そして、その中の2本が長寿番組という他のお笑い芸人にはマネができないことを実現させています。

もっとも長寿番組なのは、1989年10月に開始された「ダウンタウンのガキの使いやあらへんで！（日本テレビ系）」が、ちょうど丸30年を超え、1993年10月に開始された「ダウンタウンDX（日本テレビ系）」もほぼ30年です。

その他にも2014年開始の「水曜日のダウンタウン（TBS系）」、2015年開始の「ダウンタウンなう」（フジテレビ系）の2つの冠番組を持っています。

そのほか、ピンでも2人はそれぞれに番組を持ち活躍するなど、極めて激しい生存競争が繰り広げられているお笑い界でトップに君臨し続けています。

どんなに人を笑わせる才能があっても長期間にわたると、マンネリが生じ、また時代とともに大衆が求める笑いの内容・質が変化することから大衆に飽きがきます。

そのため、トップを走り続けることは極めて困難です。なぜダウンタウンは、時代が変化してもお笑い界のトップを走り続けられるのか、2人のうち、お笑い芸人、MC（司会）、映画監督、俳優、ベストセラー作家、コメンテーターとマルチな才能を持ち天才と呼ばれる松本さんに焦点をあてて、人気が長続きする理由とそれを可能にしている才能と潜在意識の関係について紹介します。

そこには、お笑い芸人として成功し、その位置を維持し続けるための知恵・ノウハウだけではなく広く人間として成功するために必要なエッセンスが詰まっています。

松本人志の才能を探る

松本さんは、常に鮮度を求めて自分自身を変えようと考えています。また、漫才だけでなく番組の企画もする松本さんは、企画のアイデアに困ったとき、スタッフから過去に視聴者に人気があった企画を提案されても、決してそのままやろうという安直な決断をしません。松本さんが松本人志として、常に先頭にいるために過去の栄光や実績などにこだわることなく過去を捨てて、そこに新たな発想を取り入れる姿勢を崩しません。

一発屋といわれるお笑い芸人は、同じ芸を連発し飽きられてすぐにテレビから消えます。これは、同じ芸をテレビ局サイドから強制されている面もあって同情の余地がありますが、先のことを考えると、同じ芸に変化を加える努力をする、あるいはテレビに出ることを避けてでもあえて同じ芸に頼らないという判断が必要なことを松本さんから学べます。

ダウンタウンの人気がいまもなお衰えず、冠番組が長寿である理由が理解できます。

このことは、企業や会社員にとっても同じです。過去の成功にこだわって変化をためらった企業は時代の変化とともに衰退すること。また、過去の成功体験から抜け出せない上司が部下に成功体験を強要して失敗すること。これらは一発屋芸人と同じです。

良いと思っていることも、今一度時代に合わせて、これで良いのかと考えて必要であれば変えるという意識を持つことが重要です。

松本人志と潜在意識

松本さんの発言や語録からは直接的に潜在意識を重視する発言は確認できません。しかし、無意識的に潜在意識に強くイメージを持った行動や考え方をしていることが、発言や語録から確認できます。

たとえば、松本さんが小さい頃、家が貧乏で乗りたかった自転車が買ってもらえなかったため、いつも自転車に乗ったつもりで街を移動していたといいます。店に入るときには、自転車を降りて自転車が倒れないように自転車のスタンドを立てる動作までをして店に入ったと述べています。

また、「みんなは俺を自信過剰だと言うけども、自分に自信を持たな、どうすんねん」、あるいは「視聴率が６％でもその６％の人の満足度が１００％になるよう頑張る。それがオレの仕事。誇らしい仕事です」などと発言した記録が残っています。

松本さんは、自分の持っている能力を信じ込み、そして自分のすることを矮小化《わいしょうか》すること
なく、些細なことにも成功イメージを見つけ出して、そこに全力を尽くそうという強い前向
きな意識が見受けられます。

ここまでのポジティブなイメージを潜在意識に持つことで、今もなお現状を変えるエネル
ギーを生み出しているのだと考えられます。

多くの人にとって、松本さんの考え方、ポジティブ思考による思い込みは参考になります。

「DA PUMP」の再ブレークとISSAの潜在意識

ダンスボーカルユニット「DA PUMP」は、2018年「U.S.A.」が大ヒットし、そのミュー

ジックビデオの再生回数は1.8億回（2019年6月現在）にも達しています。

また、2018年のNHK紅白歌合戦にも実に16年ぶりとなる6回目の出場が決定、見事に再ブレークを果たしました。

「DA PUMP」は、1997年にデビューした翌年の1998年にNHK紅白歌合戦に初出場、それ以降5年連続で出場するなど高い人気を誇るグループでしたが、5回目の出場であった2002年以降は出場から遠ざかっていました。

メンバーの不祥事、脱退などでメンバーはリーダーのISSA（本名：邊士名一茶）を除くと全員が入れ替わります。

また、ISSA自身も数多くの女優や歌手などと交際してテレビや週刊誌の話題になったり、全治6カ月の右大腿骨と骨盤を骨折するケガやスキャンダルを起こしグループ活動は低迷し、活動は一時休止状態にまで追い込まれています。

移り変わりの激しい芸能界では、再ブレークを果たすのは極めて困難ですが、16年間の大きな紆余曲折《うよきょくせつ》を経て見事に復活できた理由には、最初からのメンバーが抜けて1人になっても「DA PUMP」としての活動を諦めなかったリーダーISSAの復活に対する強い思い（潜在意識）があったからでしょう。

そこで、ISSAの復活にかけた思いとそれを実現させた潜在意識について考えてみたいと思います。

「DA PUMP」のスタートから全盛期と活動休止状態まで

「DA PUMP」は1997年にISSAを含む沖縄出身の4人組でデビュー。リーダーでメインボーカルのISSAの歌唱力と切れのいい高いレベルのダンスでデビュー直後から人気を得て、翌1998年には、NHK紅白歌合戦に初出場。

その後、5年連続出場するなど一流アーティストに成長。しかし、2005年2月にメンバーの1人が飲酒運転で交通事故を起こして逮捕され、謹慎するもその後脱退。

2008年7月には、ISSAがコンサートのリハーサル中に骨折事故を起こし、コンサートの中止や新曲のリリースも途絶えて一時活動中止に至ります。

さらに、2008年12月にもう1人のメンバーも脱退。

2009年に入ってダンサー7人を迎え入れ、9人組として活動を再開しますが、その年の年末に最初のメンバーで残っていた1人も脱退し、最初のメンバーで残ったのはISSAのみとなります。

しばらく8人で活動を継続するもののグループの活動やグループとしてはメディアへの露出は減少（なお、2014年に新しく加入したメンバーの1人も脱退、現在のグループは7人体制）。

また、リーダーのISSAが、女優と婚約中にもかかわらず、当時AKB48メンバーであった女性とお泊まりデートを週刊文春にスクープされます。

この件で相手はＡＫＢ48の活動を辞退、「ＤＡ ＰＵＭＰ」も約1年間にわたって活動を自粛します。

このような経過があると、ＩＳＳＡとしては最初の「ＤＡ ＰＵＭＰ」のメンバーが自分以外は全員が抜けて、加えて自身のケガやスキャンダルがあって、メディアへの露出も減ると、デビューから挫折をすることなく成功した体験しかないため、グループ活動・芸能活動への意欲が一般的に大きく落ちこむと思われます。

ＩＳＳＡが、諦めずに活動を続けて再ブレークに至った理由を考えます。

「DA PUMP」の再ブレークした理由

再ブレークの理由をＩＳＳＡの語録から考えてみます。たくさんのためになる言葉がありますが、その中からいくつかを紹介します。

「やらされているんじゃなくて、自分たちの意志でやっていると思えることって、すごく大事なんですよ。そういうものがあると強いですね。ハードルが高いことでも自分で決めたことだったら絶対やってやるって思えるし、何より楽しい」

「僕は売れなくなり、人が離れていくこともありましたが、純粋にパフォーマンスができる環境だけを求めてきました」

「どんな形であれ自分にとって一度きりの人生なので、変にあの頃はよかったみたいに振り返ることはないです」

「いろんな経験を積んでいけば、そのうち自分に何が向いているか、本当は何がしたいかっていうことも見えてくる」

「DA PUMP」は、再ブレークする前に全国各地のスーパーマーケットのショッピングモールでライブ活動をしています。ISSAの言葉からは、落ちぶれてのドサ回りではないという気持ちがうかがえます。

最高のパフォーマンスを見せることに徹しているからこそ、スーパーマーケットのショッピングモールでの活動が実を結んで3年半ぶりになる新曲「U.S.A.」でのブレークにつながったのです。

これらの言葉からISSAの「DA PUMP」というグループに対する強い愛着、自分を信じて進む意志の強さがうかがえます。それがあったからこそ活動が中断するなどの低迷期も前向きに乗り越えてこられたのです。

そして、これらのことは顕在意識でいくらやろうと考えても想いが小さいので、好調なときであれば可能ですが、いったん不調になると継続できません。

ＩＳＳＡを中心とした「ＤＡ ＰＵＭＰ」の再ブレークの裏には潜在意識が強く影響したといえます。

第八章
尊敬する偉人と潜在意識

中村天風と潜在意識

中村天風は本名を中村三郎といい、明治のはじめ（1876年）に旧藩士（武士）の家に生まれ、剣術を極め学校では柔道部の主将として活躍、また英会話をマスターするなど文武両道に優れた人物です。

その一方で、柔道の試合で負けた相手に闇討ちに遭い、その復讐を果たす途中、包丁で襲ってきた相手の学生を逆に刺殺してしまったという話が伝わっており気性の荒い面を持った人物です。

なお、この件は正当防衛が認められますが、学校からは退学処分にされています。

その後、帝国陸軍の諜報員（スパイ）として中国（満州）で活動。1904年にはロシア軍のコサック兵に捕まって銃殺刑に処せられる直前に部下に救出されるなど、波乱万丈《はらんばんじょう》の人生を送ります。

その直後の1906年に急速に症状が進む肺結核を発病。病気のために弱くなった心を強くするためにアメリカに渡航しようとしますが、結核患者には許可が下りなかったため密航、アメリカで大学に入学し病気の原因を研究。

また、ヨーロッパに渡ってイギリスやフランスで病気治療のためのヒントを得ようとしましたが、果たせなかったようで帰国の途につきます。その途中でヨーガの聖人に出会い、弟子入りしてヒマラヤの麓《ふもと》で2年半修行して悟りを得るとともに、その間に結核は完治したといわれています。

天風の波乱に富んだ人生の一部を紹介したのは、人間の存在の根源は「心の有りよう」「心の持つ力」であるという思想が、その波乱に富んだ人生そのものに大きく反映されていると考えるからです。

天風にはもともと相当な行動力があったとしても、自身の想いをかなえるには何としても「実行するのだ」という強い心の後押しなくしては、なし得なかったのではという人生を歩んでいます。

そして天風は、「心の有りよう」「心の持つ力」には潜在意識が重要と強く言っています。

天風は書籍を何冊か世に残していますが、一般の人ではとても考えられないような人生を歩んできた人物の回想録や語録だけに評論家の机上の評論とは一線を画しています。

経歴と重ね合わせると語録には重みがあります。一本芯の通った人生を生きたいと思うときに、そばにあるとよい影響を受けられる書籍ばかりです。

中村天風の思想・哲学と潜在意識

天風は、「人生を成功させるゴールデン・キーは、想像力によって強固になった信念の力だ。その力をつくるには潜在意識のもっているすばらしい作用を、実在意識からうまくコントロールしていく方法を活用することだ」と述べています。

天風は、フロイトより約20歳若くユングとはほぼ同年齢です。フロイトやユングが提唱した無意識（潜在意識）に触れたかどうかは定かではありませんが、無意識（潜在意識）を認識し、認識するだけでなく重要だから活用せよと述べています。

また、「潜在意識は人間の生命を生かし、現実化するよう自然に努力を行う」。だから、「自分の念願、宿願をはっきりと心に描くことを絶え間なくやるという技術に熟達せよ」と自分の夢、願望を潜在意識に強く思い込ませることをうまくやれるようにしなさいと助言をしています。

そして、「天は自ら助くる者を助くという言葉があるが、自らを助けないで、自分というものはつくればつくられるのに少しもつくらずに、やれ病が、やれ運命がどうのって言っている人間は駄目な人間だ」と厳しく指摘します。

そこには、自分の心の持ち方さえ変えれば人生や運は必ず開けるという鼓舞、応援が込められています。

消極的思考、マイナス思考を避ける

具体的な行動としては、「日々使っている言葉ほど、実在意識の態度を決定するうえに、直接に強烈な暗示力を持っているものはない」と言い、「いかなるときにも積極的な言葉以外を使わぬよう心がけること。そうすれば、期せずして健康も運命も完全になる」と述べています。

日本に古くからある言霊《ことだま》信仰の影響も受けているとも思えますが、潜在意識を活用するには消極的思考、マイナス思考は厳禁なので理にかなっています。

よく医師がさじを投げた末期患者が医師も驚く回復力を示すことがありますが、患者がプラス思考で少しでも長く生きたいという強い気持ちは、免疫細胞を活性化し免疫力を強めていることが分かってきています。

心にないことは生じない、無意識が生じさせている

天風は「人の心の中にないことは生じない。しかし、みんなこれが分かっていない」、だから「自分の願っていなかったことが、現実の自分の人生に起きても、自分に責任はない、あいつが悪い、こういうことが悪いのだといって責めを他に負わせようとする」と述べています。

実際は、「自分が無意識的に心の中に思っていたことが起きているのに気がついていない、

実在意識以外には思ったことじゃないと思っている。だから、実在意識で思ったことだけが思ったことで、潜在意識の中で描かれた絵図が、現実になった場合は、自分には責任がないと感じる」と潜在意識が行動に強い影響を与えていることを意識して知れと言います。そして、そのためには潜在意識の大掃除をせよと言います。

「潜在意識の大掃除をせよ」の意味とは

天風は、マイナス思考から出てくる悩みについては、「心の中に何かの取り越し苦労か、あるいは消極的な思考、すなわち憤怒、恐怖、悲観、憎悪、怨恨、嫉妬、復讐、憂愁、煩悶、苦労などの消極的感情によって起こる」と言い、その大部分は、「潜在意識の整理が不完全だからだ」と理由を述べています。

潜在意識の整理が不完全だというのは、潜在意識からマイナスな思考をなくすほどプラス思考な言葉を潜在意識に強く思い込めということでしょう。

その証拠に天風は次のように言います。「消極的感情、情念を、自分の実在意識のなかに発生させないようにしなければならないが、それがいけないと言われたそばから、発生させまいと思っても駄目。

学者や識者、あるいは宗教家は、そういうときに、そういう思い方考え方をするからいけないと言うけれども、私から言わせれば思ったり考えたりするのがいけないのではない。潜在意識の中にそういうことを思わせたり考えさせたりするような材料をため込んでおくことがいけないのだ」と。

そして、「タルに水をいっぱい入れておいたら、いつのまにか、ぼうふらがわき出したとする。これはいけないって、あとから新しい水をいくら入れても、ぼうふらの卵をとらないかぎりはいつまで待ってもぼうふらをなくせない。だから何をおいても、まず第一番に潜在意識、すなわち心の奥の大掃除をやらなければいけないのだ」とたとえをあげて理由を説明しています。

西郷隆盛の魅力と潜在意識

西郷隆盛の生涯の簡単な紹介

この時代に活躍した人物の多くがそうであったように、西郷隆盛も薩摩藩の下級武士の家に生まれます。当時の薩摩藩の藩主であった島津斉彬《しまづなりあきら》に才能を見込まれ、側近として斉彬とともに江戸に行き、激動の時期に日本の舵取りの役割を果たしていきます。その間、斉彬の死後の藩主島津久光《ひさみつ》と折り合いが悪く島流しにあったり、自殺を図ったりと波乱万丈な時代を過ごします。

しかし、時代が西郷隆盛の才能を必要としたのか、日本の新しい土台作りのために奔走《ほんそう》。長州藩の木戸孝允《きどたかよし》と薩長同盟を結び、江戸幕府の幕臣勝海舟《かつかいしゅう》と会い、江戸城の無血開城を実現させ江戸の町が火の海になることを防ぎます。

その後、大久保利通《おおくぼとしみち》との征韓論《せいかんろん》で意見の食い違いから薩摩に戻ります。やがて新政府に対する不満分子らとともに新政府軍と西南戦争を起こすはめになり、最後は自刃して49歳の若さで亡くなります。

歴史に「もしも」はありませんが、もしあるとすれば西郷隆盛と勝海舟のいずれかがいなければ、おそらく江戸城の無血開城は実現しなかったのではといわれています。

もし、そうであれば日本は外国の植民地となって、日本国民は苦難の道を歩まねばならなかったかもしれません。勝海舟は、江戸で幕府軍と新政府軍との全面戦争になれば、日本を植民地にしたい外国の思うつぼになると考え、西郷隆盛に戦争をしている場合ではないと告げます。2人の後ろには徹底的に戦うという強い意志を持った武士たちがいる中、そして西郷隆盛自身もいろいろな思惑で戦争をして徳川慶喜《とくがわよしのぶ》の処刑をしたいと考えていたようです。

加えて、すでに新政府軍は3月15日に江戸城総攻撃を決定していました。2人の会談がセットされたのは、総攻撃の前日の14日です。戦う意欲のある者同士が、拳をすでに振り上げている状態では、指揮官といえども簡単に相手の言うことを聞き入れる度量を発揮できるものではなかったと思われます。しかし、西郷隆盛は勝海舟の意見を受け入れます。

勝海舟もまた幕臣でありながら、幕府の延命というモノサシではなく日本国という大局からの判断ができる人物でした。通常、このような場合、敵の総大将は処刑されるのが常でしたが、徳川慶喜は処刑を免れました。

西郷隆盛の魅力と潜在意識

幕末から明治維新の時代の人物で日本人にもっとも魅力があると思われているのは、西郷隆盛と坂本龍馬の2人ではないかと思います。その坂本龍馬は、西郷隆盛を「得体の知れない人物です。不気味な太鼓（あるいは鐘）のようであって、小さく叩けば小さく響き、大きく叩けば大きく響く」と評しています。また、江戸城無血開城のもう1人の立役者の勝海舟は「知識はおれの方が詳しい。しかし、その胆《きも》の大きいことは、実に絶倫《ぜつりん》で議論も何もこえるような大きさをもっていた」と評しています。このことから、スケールが大きくて計り知れない懐の深さがあることが多くの人を引きつけるのでしょう。

また、西郷隆盛の座右の銘「敬天愛人《けいてんあいじん》」という言葉に表される強い信念をもっていました。その意味は、「物事の道理は、天によって決まっており、天に恥じることをしてはいけない。自分を愛するがごとく人も愛し分け隔てなく誠意をもって接する」ことです。これは無私でなければできません。

私利私欲《しりしよく》に走らない人は信頼され、慕われます。なお、西郷隆盛は、図らずも新政府軍との戦いに敗れたことから、新政府にとっては逆賊です。

しかし明治天皇は、自決の知らせを受けると涙を流したといわれています。さらに1889年には、西郷隆盛を西南戦争以前の官位に復位させて逆賊という汚名を拭っています。このように思われていたことは、才能とともに人柄が人を魅了したからと思われます。

西郷隆盛の魅力である強い信念・無私は、親しまれ慕われる魅力を生み出します。それは顕在意識ではなく潜在意識であれば自然に信念・無私が生まれてくるからです。西郷隆盛には「断じて行えば鬼神もこれを避ける」という名言があります。この言葉を言えるほど、強い信念をもっていました。

努力や強い意志をもつことは顕在意識で可能ですが、信念は潜在意識から生まれないと本物ではありません。また、潜在意識から生まれる行動は、無私であって打算を考えていないため人を魅了し、引きつけます。

潜在意識を活用できれば、人を動かせて、目標の達成もおのずとできるようになるでしょう。

これだけ努力をしたのにと嘆いているレベルでは信念が足りず、潜在意識の活用が十分ではないからです。潜在意識の活用で、西郷隆盛のような魅力あふれる人物にも近づけます。

人生を成功に導く哲学が学べる著書『地上最強の商人』と潜在意識

人生やビジネスを成功させるために必要な条件はたくさんありますが、成功するために必要な哲学が実践方法とともに書かれている著書が、世界的なベストセラー『地上最強の商人（著者：オグ・マンディーノ）』です。

成功するために必要と考えられる経営哲学と著書の内容がシンクロしているのか、複数の大企業経営者が本著書を推奨しています。

その中で、わずか28名で立ち上げたベンチャー企業をユニークな経営哲学で一部上場企業にまで成長させた「京セラ」の創業者稲盛和夫氏は、監修者として著書を推奨し、まえがきで本書によって成功することを願うと述べています。

稲盛氏は、「仕事・人生の結果＝能力×熱意×考え方」で表せて、「能力」「熱意」は0点から100点の間にあり、「考え方」はマイナス100点からプラス100点の範囲にあるとまえがきで述べています。

いくら「能力」があっても「熱意（やる気）」がなければ、「能力」を生かせずに成功できません。また、「能力」と「熱意」があっても悲しみや怒り、嫉妬といった否定的なマイナスの「考え方」では、挫折すれば立ち直れず、またモチベーションも上がらず成功する確率は上がりません。失敗しても明るく元気に何度でも挑戦できる、前向きでプラスな「考え方」でないと成功は困難です。

そして、もっとも注意しなければならないのは、悪意や悪事を働いて成功しようという「考え方」は、社会的なマイナス（犯罪）さえ生み出します。

大企業の経営者も同感する成功哲学の内容とそれを身につける実践方法までが書かれている『地上最強の商人』の概要を紹介し、それを実践するうえで重要な潜在意識について紹介します。

なお、『地上最強の商人』は、定価は1万円を超えますが、『世界最強の商人』と題した簡略版が文庫本として1000円以下で出版されています。

『地上最強の商人』の概要と著者のプロフィール

『地上最強の商人』の著者であるオグ・マンディーノは、全作品の販売部数が全世界で2500万部に達する自己啓発書のベストセラー作家です。

最初のころは人生に失敗・挫折を繰り返し、最後には生きている価値がないと思い自殺のために銃を買いに行くほどだったといわれています。

しかし、自殺を思いとどまり、人生をもう一度やり直したいと経営・ビジネス・心理学・マーケティングなどを学び直して再スタートを切ります。

生命保険のフルコミッションのセールスをはじめて、成功していきます。

その後は、IBM、コカ・コーラなどアメリカの大企業の販売顧問としても活躍。

これらの体験から書かれたのが『地上最強の商人』です。

もともとの夢は、作家であったことから、『地上最強の商人』は、ハウツーが書かれている実用書ではなく物語として展開されています。物語は、主人公が「書かれている原則をすべて修得した者は、望むすべての富を蓄積する力を持つ」という全10巻からなる巻物を紹介していくことで展開していきます。

1巻から10巻までに成功に必要なこととして、「習慣」「愛」「成功」「奇跡」「人生最後の日」「感情」「笑い」「価値」「行動」「祈り」の重要性が物語として語られていきます。

そして、実践編として全10巻を通して説明されたことを活用する方法が書かれています。

『地上最強の商人』と潜在意識の重要性

稲盛氏は、成果（成功）を生み出すには「常識にとらわれないで努力をすれば可能性が開かれるという、信念を持った人でなければならない」と述べています。

このことは、『地上最強の商人』では3巻の「成功」の中で、「成功するまで頑張りぬく、途中で諦めないこと」と書かれています。失敗は諦めた時点で確定しますが、諦めなければ失敗は確定しません。

諦めない強い意志は、人の心の奥底にある魂そのものからほとばしり出るものでなければ生まれてきません。

また、諦めないことはやり続けること、やり続けることは習慣化することでもあります。

1巻の「習慣」では、成功者と失敗者のたった1つの違いは「習慣」で、良い習慣は成功に導き、人生を良いものにしてくれると述べられています。無意識でも問題なくできるように習慣化することや確固たる信念を持つには、成功イメージ、夢、願望を強く潜在意識に持たせないとできません。

また、9巻では、行動しなければ意味がないとして、行動するには「私は今、行動する。私は今、行動する」と、この言葉を何度も何度も本能的に反応できるようになるまで繰り返そうと述べています。

このように、随所に『地上最強の商人』では、成功哲学とともに潜在意識を活用することが書かれています。

そのため、実践のためのワークを含めると読破に300日かかるように書かれています。

新年や新年度など、新たなスタートを切りやすい節目から『地上最強の商人』を読みはじめてみては、いかがでしょう?

300日後には本物の成功哲学が潜在意識に透徹しているはずです。

京セラ創業者稲盛和夫と潜在意識

京セラ創業者の稲盛和夫氏は、京セラのほかKDDIを創業し、JALを短期間に再生。経営の神様と言われた松下電器創業者の松下幸之助氏に勝るとも劣らない経営者です。

松下幸之助氏については、その経営哲学は数多くの書籍で語られているので多くの人に知られています。

その哲学を一言でいうと「人間大事の経営」と言えるでしょう。

利益優先の経営を排し、顧客、従業員、社会全体の幸福を願う経営で小さな町工場を世界有数の大企業にまで成長させました。

一方、稲盛和夫氏の経営は、「利他による信念の経営」ではないかと思います。

松下幸之助氏もこの考え方に近いことを言っています。

「私たちの心には自分だけがよければいい。と考える利己の心と、自分を犠牲にしても他の人を助けようとする利他の心がある」というもの。

利己の心で判断すると自分のことしか考えていないので、誰の協力も得られません。自分中心ですから視野も狭くなり間違った判断をしてしまいます。

そして「信念」。

松下幸之助氏が残した名言の中には、「信念」がたくさん使われています。

たとえば、「自分には、自分に与えられた道がある。広いときもある、せまいときもある。のぼりもあれば、くだりもある。思案にあまるときもあろう。しかし、心を定め、希望をもって歩むならば必ず道はひらけてくる。深い喜びもそこから生まれてくる」（松下幸之助氏の誕生の地にある碑に刻まれた文より）。

松下幸之助氏も苦しいときに道を開くには、潜在意識の底から湧き上がる信念が必要であると言っています。このように、稲盛和夫氏と同様な考えを持っていました。

稲盛和夫氏の書籍・語録には、「潜在意識」の文字がたくさん出てきます。たとえば、経営を大きく伸ばすためには「何としても目標を達成したいという潜在意識に透徹するほどの強く持続した願望を持つことができるかどうか、が成功の鍵になってくる」と述べています。

そこで、稲盛和夫氏の経歴をたどりながら、潜在意識の重要性について紹介します。

経営者稲盛和夫氏の経歴の概要

稲盛和夫氏が鹿児島大学工学部を卒業した1995年当時は朝鮮戦争後の不況で、地方大学の卒業生はよほどのコネがないかぎり、希望する大企業には入社が難しかった時代であったようです。

稲盛氏は、いくつか採用試験を受けますがすべて不合格。ようやく、恩師の口利きで京都の焼き物のメーカーに入社。しかし、この会社は、銀行管理も同然のひどい経営状況の会社でした。さらに、オーナー一族が内輪もめをしていて労働争議も頻発し、同期入社の5人で「こんな会社は早く辞めよう」と言いあうような状況でした。

事実、入社した年の秋には、早くも同期の3人が退社。もう1人その後自衛隊の幹部候補学校に入学し退社します。恩師の口利きもあったためかもしれませんが、稲盛氏はたった1人で「こうなったら、不平・不満を言っても仕方ない。ここは気持ちを入れ替えて、徹底的に研究に没頭しよう」と決意。研究室にふとんや鍋を持ち込み、朝から深夜まで研究に没頭。

その結果、研究していたニューセラミックスにおいてすばらしい研究成果を出します。この研究が認められ主任に昇格。

しかし、主任に昇格した3カ月後に、外部から来た新任の技術部長が、「君の能力では無理だ。他の者にやらせるから手を引け」と稲盛氏に宣告。

その言葉に頭の血が逆流した稲盛氏は、「あなたこそニューセラミックスが分かるのか。無理というのであれば会社を辞める」と辞表をたたきつけます。

それを聞いた部下たちが、「それなら一緒に自分たちも会社を辞めてついていきます」と言いだします。前任の上司まで、「なんとか金を集めて会社をつくろう。稲盛君の上に人を置いたらいかん」と言い、会社設立に動きだします。

前任の上司には大学の同窓の友人で京都のメーカーの専務と常務との面識があり出資の依頼をします。

前任の上司は稲盛氏を連れて、これまでの経緯を説明して出資を依頼しますが、「この稲盛君がどれほど優秀か知らんが、26、7の若造に何ができる」と一喝されます。

しかし、前任の上司は、ひるまず「稲盛君の情熱は並外れている。必ず大成する」と言い返しますが、「情熱だけで事業は成功するのか」と聞いてもらえません。稲盛氏自身も研究していたニューセラミックスの時代がやってくると必死に訴え、何度も出かけて頭を下げます。そして、ついに出資を得ることに成功。

このとき出資先企業の専務は、「支援するとなったら、とことん面倒をみる」と言って、銀行からの借り入れに際して自宅を抵当に入れ、このとき、専務は妻に「この家を取られるかも知れんぞ」と断ると、「男が男にほれたのですから、私は構いませんよ」と返されたということです。推測するに会社の資金からの出資ではなく個人的な出資の依頼であったのでしょう。

こうして、１９５９年に資本金３００万円、わずか28名で始まった京セラは、連結売上高で１兆６千億円超、従業員数7万人超（２０１９年3月時点）のグローバル企業まで発展します。

稲盛氏の経営哲学「潜在意識」が生まれた原点

稲盛氏は理系学部の出身であることや、大学卒業後の若いときには人生での成功体験もそう多くないことから、最初から潜在意識がどのようなもので、人生の成功に役立つかはおそらく知らなかったのではと思います。

研究に没頭して研究の成果が出たこと、会社設立のために信念を持って出資者を説得したことなどの原体験が、その後の経営に潜在意識が重要であるという思いに至ったのではないでしょうか。

その理由として、稲盛氏は大学を卒業したら起業をしたいという発言が見当たらないからです。もし、志望の大企業に就職できて、そこでの研究生活に満足していれば、松下幸之助氏に並ぶ経営者にはなっていなかったことでしょう。

そのため、当初は一流のスポーツ選手が潜在意識を知らなくても小学校や中学校のころに自然に将来の成功をイメージしていたのと同様に、潜在意識を活用していたと思われます。

潜在意識を活用した稲盛氏の「利他による信念の経営」は、不本意ながら就職した京都の企業での経験・新会社設立の経験がなければ、生まれていないと考えられることから、その経験が稲盛経営哲学の原点となったのです。

「稲盛経営12カ条」と潜在意識

期せずして経営者としてスタートすることになった稲盛氏ですが、1974年2月には東京証券取引所第1部に上場、2001年3月期にはグループの売上高が1兆円を突破と急成長を遂げます。

この急成長の礎《いしずえ》となったのは、厳しい環境下でのスタートであったと考えられます。そして、このときの経験が経営者としての人生・考え方に大きく影響しています。

稲盛氏は、自ら経営に携わる中で体得した経営の原理原則を後年、「経営12カ条」としてまとめて発表しています。

その中の1つに稲盛氏は「強烈な願望を心に抱く──潜在意識に透徹するほどの強く持続した願望を持つこと──」として潜在意識の大切さをあげています。

稲盛氏は、「物事は心に描いたとおりに成就します。何としても目標を達成したいという願望をどれだけ強く持つことができるかが成功の鍵です。特に、潜在意識を駆使すれば、経営を大きく伸ばすことができます」と述べています。

そして、経営者に必要な心構えとして次のように結んでいます。「潜在意識を自在に活用するには、繰り返し強く思い続ける必要があります。自分が立てた経営目標を、朝起きてから寝るまで四六時中考える。そのように強く持続した願望は、その人の潜在意識に入り、自分をその方向へと自然に向かわせます。目標が難しく、高ければ高いほど、実現するためには強く持続した願望を抱き続ける必要があります。ぜひ目標を高く掲げ、その実現に向け、強く持続した願望を持ち続けていただきたいと思います」

「稲盛経営12カ条」は、後進の経営者に経営の心構えを説くためのものであるため、経営を成功させるために必要なこととして潜在意識の重要性・活用を述べています。

しかし、当然ですが「経営」を「人生」「仕事」「恋愛」「受験」などに置き換えればすべてに潜在意識の重要性は当てはまります。

では、なぜ稲盛氏は潜在意識を重要と考えるにいたったのでしょうか。

おそらく潜在意識の重要性を多数経験したと思われますが、その中から2つの例をあげています。

稲盛氏が潜在意識を体験した潜在意識の重要性（その1）

１つは、京セラが電気通信事業の参入を検討しているときのことです。そのときのことについて、次のように潜在意識について述べています。

「１９８３年夏、まだ京都の一中堅企業でしかなかった京セラが、国家的事業である電気通信事業への参入について構想を重ねていたときに、当時私が副会頭を務めていた京都商工会議所にＮＴＴの技術幹部が講演に来ました。本来なら、講師として招かれたＮＴＴの技術幹部との出会いも、そのまま通り過ぎてしまうような事象だったと思います。しかし、私の潜在意識の中には強い願望が浸透しています。そのために一瞬の出会いを逃さず、その素晴らしいチャンスを活かして事業を成功に導いていくことができた。私はそういうふうに思っています」

これに関しては潜在意識の働きが少し分かりにくいですが、稲盛氏自身がもっと分かりやすいたとえ話を次のようにしています。

「企業が、新しい事業分野に進出したいと考えているとき、その事業分野は、今まで携わってきた分野ではないために、専門の知識やノウハウを身につけた人材が社内にいません。しかし、どうしてもやりたいと強く願い、毎日、毎日頭の中でシミュレーションを繰り返していくと、やがてそれは潜在意識にまで浸透していきます。すると、ある日、飲み屋で飲んでいると、隣の席から見ず知らずの人物が話している声が聞こえてきます。それはどうも自分がやりたいと考えている分野のことで、話し声の人はその専門技術者のようです。間髪を容れず、思わず、その人に話しかけて、それが縁となり、見ず知らずの人であったにもかかわらず、やがてその人に入社してもらうようにまでなり、それを契機に一挙に新規事業が展開していく。そういうことは往々にしてあるのです」

少し補足すると、たまたま進出したい新しい事業分野の専門家と席が近くなることは偶然であったかもしれませんが、新規事業のことが潜在意識に浸透していると、自分の会話に集中してそのことを意識していないときでも、気にしていることに関連した話が耳に入ると即座に反応できます。

気にしていることが潜在意識に届いていると、潜在意識の働きで気にしている内容の会話が耳に入ってきます。

脳には、「カクテルパーティ効果」と呼ばれ、集中していないと誰が何を話しているかが分からないパーティ会場のように騒がしい場所でも、会話の相手が話すことを聞き取れる能力があります。
しかし、この会話を録音して、後で聞くとノイズばかりで何を会話しているかが聞き取れません。心理学者の実験で、ノイズの中にたとえば、自分の知っている人の名前などが出てくると聞き取れなかった会話が聞き取れるようになることが分かっています。潜在意識に強く意識された内容が強ければ、強いほど聞き流すかもしれない会話でも耳に入ります。

稲盛氏が潜在意識を体験した潜在意識の重要性（その2）

もうひとつは、稲盛氏が引き受けた日本航空の再建のときです。
再建内容は、多くの報道機関が達成は不可能な計画だと断じたほど厳しいものでした。稲盛氏は、日本航空の会長として、この再生計画をなんとしても遂行し、再建を成功させなければならないという強い思いから、会長就任のあいさつで日本航空の全社員に次のように述べています。

「新しき計画の成就は、ただ不屈不撓の一心にあり、さらばひたむきにただ想え、気高く、強く、一筋に」

この言葉は、かつて京セラが経営スローガンとして掲げたもので、その意味は「新たな計画を成就する鍵は、ひとえに、どんなことがあろうとも決して挫《くじ》けない心にかかっている。だからこそ、高邁で強烈な思いをひたすらに抱き続けなければならない」ことを表しています。

稲盛氏は、結果として厳しいとされた日本航空の再建を果たします。また、京セラ自身も驚異的な成長を遂げた経験から、「強烈な願望を心に抱く――潜在意識に透徹するほどの強く持続した願望を持つこと――」が生まれています。

こちらは、補足しなくても分かりやすい内容です。ただ、誰もが潜在意識だけでオリンピックで優勝ができないように、潜在意識だけでは中小企業を大企業にしたり、再建できないと思われる企業を簡単に再建できたりしない可能性があります。

しかし、潜在意識を活用するとしないでは、低収益企業と優良企業程度の差が付くのは以下の潜在意識の働きの例を見ると明らかです。

自動車の運転を習いたての頃は、教習所である程度運転に慣れても、「右手でハンドルを持って、左手でギアを操作し、曲がるときはウィンカーを出して、右足でアクセルやブレーキを踏み込む」などのような複雑な自動車の操作は、まだ完全に無意識でできるようにはなっていません。

顕在意識で運転行為に集中しながら運転します。

しかし、自動車の操作を繰り返すことで、まったく顕在意識で意識しなくても無意識で運転操作ができるようになっていきます。

これは経営に例えるなら、潜在意識を活用できないと余裕がないので視野が狭く的確な経営判断ができない可能性があります。

また、重要な経営環境の変化や重要な情報を見逃す可能性が高くなります。

経営だけに限らず潜在意識を活用することは、夢や願望の実現に貢献します。なお、稲盛氏は、上記の自動車運転の例を潜在意識の働きの例として書籍などで紹介しています。

第九章 新元号「令和」と潜在意識

天皇の退位によって「平成」が終了し、２０１９年５月１日から新元号に変わりました。その新元号が２０１９年４月１日に「令和」であると発表されました。

「令和」は日本最初の元号「大化」から数えて２４８番目の元号となります。元号は、日本人にとっては日常生活をしていくうえで切り離せないほど生活に密着しています。

今後、「元号」は、「意識する・しない」にかかわらず数百回、数千回と何度も何度も見聞きすることになります。

そして、いつの間にか「令和」から感じるイメージが潜在意識に染み渡っていきます。

政府は、「令和」の意味、および政府が「令和」に決定した理由として託した思い・イメージを次のように述べています。

「日本には、悠久の歴史と香り高き文化、四季折々の美しい自然があります。こうした日本の国柄をしっかりと次の時代へと引き継いでいく、厳しい寒さの後に春の訪れを告げ、見事に咲き誇る梅の花のように、一人ひとりの日本人が明日への希望とともにそれぞれの花を大きく咲かせることができる、そうした日本でありたいとの願いを込めて決定しました。また、令和には人々が美しく心を寄せ合う中で文化が生まれ育つという意味が込められています」

日本には、日本の文化から生まれた「礼儀正しさ」「善良さ」「思いやり」「清潔さ」などがあり、海外から高く評価されています。

海外に誇れるこれらの日本文化は新元号の「令和」と一体になって、私たち日本人は日本の文化をさらに継承・発展させていかねばなりません。

一方、個人レベルでは日本人の潜在意識にこれから「令和」が染み渡っていくことから、「令和」に個人のポジティブなイメージを重ね合わせるアファメーションをすることでイメージを実現できます。

「令和」からイメージできることとアファメーションによる活用

「令和」の「令」には、現代では使われていないためほとんど知られていませんが「よい」「立派な」「優れた」という意味があります。

そのほかには「命令」「指令」「法令」「年令」などと使われることから連想できる「命じる」「いいつける」「法律などの規範」「年」などの意味があります。

また、漢字の読みや形から「冷」に似ているので「冷たい」「クール」なイメージを持つ人もいるかもしれません。

また、読みが「霊」「礼」とおなじのため、「魂」「心」や「礼儀」「敬意」なども連想できます。一方の「和」には、「穏やかな」「静まって平和な」「落ち着いた」「やわらかくな」「なごやかな」「調和的な」などの意味があります。

これらの「令」「和」の漢字の持つ意味や連想から、あるいは「令和」から受ける直感的なイメージを自分の願望・目的と重ね合わせてポジティブなフレーズにすれば効果的にアファメーションを実行できます。

アファメーションによる強い思い込みは、潜在意識に刻み込まれ、願望、夢、目標を達成するための建設的な思考・発想・行動になって現れます。

アファメーション成功のポイント

アファメーションは以下の４つのポイントを守れば成功させられます。

①自分が達成したい目標や夢を明確に、具体的にイメージする

②論理的にイメージするだけでなく、目標や夢を実現した結果の感情をイメージする

③イメージをポジティブな言葉で「私」を主語にして現在形・現在進行形で表現する（実

現できたイメージは完了形で表現）

④上記のポジティブな表現を繰り返す

私たちは、これから数十年間にわたって「令和」を何度も見聞きしながら「令和」とともにこの元号の時代を生きていくことになります。

元号が変わった5月は、新しい生命の息吹が強く感じられ、フレッシュな気持ちになれる時期です。その自然の鼓動・パワーとともに潜在意識を活用して願望・夢・目標を実現していきましょう。

あとがき

潜在意識の活用法が分かってからは、世の中で話題になっていること、伸びている会社や経営者の話、アスリートの活躍のニュース、すべてに潜在意識の関連性を見出すようになりました。

そういうフィルターで世の中を見ると、成功している人たちは必然だということが分かるんです。

今思えば、ダメリーマン時代に出向を命じられたとき、会社を辞めずに従って本当に良かったと思います。

そのときに一緒に仕事をしたど真剣でクソ真面目な京セラの社員の方々が眩しいくらいに格好良く目に映りました。京セラのフィロソフィーにも感銘を受け、京セラで働きたくなりました。

その想いを当時、担当していただいていた京セラの社員にぶつけ、転職相談したところ、「原田さんの経歴では無理や」と言われました。「じゃあ、どうすれば稲盛和夫に近づけますか？」と聞いたところ、「経営者になって盛和塾（稲盛和夫さんの私塾）に入るしかない」とアドバイスを受けました。

そこから目標は経営者になり盛和塾に入ることになりました。

そのとき、人生で初めて目標を持ったのです。

その後、29歳で雇われ社長になり、入塾資格である30歳の誕生日を迎えてすぐ、京セラの社員の紹介で盛和塾北大阪の門を叩きました。当時の代表世話人であった矢野アズ紗さんに入塾面談をしていただきました。

欠野さん：「雇われ社長のようだけど、自分の意思ですべての勉強会に来れるの？」
私　　：「オーナーに招集をかけられると、何があっても飛んで帰らなくてはなりません」
欠野さん：「じゃあ、本物の経営者になってからまたおいで」

今度は目標が「本物の経営者になって盛和塾に入塾する」に変わりました。それから5年後、私の事業構想に賛同してくれる出資者と自分でも出資する形で会社を設立しました。ただ独立しただけだと、また入塾面接で落とされる可能性があるので、しばらくは業績を上げることに集中し、設立から3年後、恥ずかしくない業績をもって、再び入塾面接に挑み、無事、入塾することができました。

入塾直後の例会で、初めて、稲盛塾長に挨拶をして、握手したときの掌の分厚さと暖かさは、今でも忘れられません

この方が提唱した、「人生や仕事における潜在意識の重要性」を学んだことで、自分のすべてが変わりここまで来たんだな、と思うと感慨深かったです。

ビジネススクールに通うわけでも、資格を取得するわけでもなく、考え方や意識の持ち方を変えただけで、以前とはまるで別人の人生を歩んでいますから。

その心の拠り所であった盛和塾は2019年の12月をもって解散。

寂しさや不安はありますが、これからは稲盛塾長に学んだことを社員や関わる人に伝えて行くことが稲盛塾長への恩返しであり、使命だと思っています。

強く想うこと、自分自身の力を信じきることでほとんどのことは実現できると実感しました。

すべての人が無限の可能性と、それぞれの役割をもって、この世に現れています。

ですから、すべての人は例外なく尊い。既に尊い。

何も成し遂げてなくても、自分を尊ぶことからはじめましょう。

物事を成し遂げたから、自尊心が生まれるのではなく、自尊心を持つから物事が成し遂げ

られるのです。

そこから他尊心や利他心が生まれ、森羅万象、すべてのことに感謝ができるようになります。

そういう心が穏やかな状態を本当の成功というのではないでしょうか。


最後に人生で関わった人たちすべてに感謝申し上げます。

創業から苦楽を共にしてきたファインズ東京の田辺副社長や社員の皆さん。

潜在意識の活用法を広め、良い世の中にしようと日々奮闘している国際メンタルイノベーション協会の理事やインストラクターの皆さん。

盛和塾で共に学んできたソウルメイトの皆さん。

出版にあたり、ご尽力いただいたヴォイスの大森社長、ユナイテッドワークス中村さん、その他協力者の皆さん。

次々と新たな事業をはじめて家を省みず、浮き沈みがあっても、一緒に事業の進展や展開を楽しみにして支えてきてくれた家内と息子。

そして大阪で暮らす母親と姉達。

母や姉が下の子に言う定番フレーズ「あんたは、やったらできる子や」、御多分に洩れず、私も幼少の頃から母親や姉達に言われ続けてきました。

実際にこれには何度も救われました。

「やればできる」

誰でも正しい行動を起こせば、だいたい成果は出るものです。ただ行動に移すまでが一苦労、得体の知れない不安から来る先延ばしなどで動きはじめるまで長い時間がかかる人がいます。下手をすると一生動かないまま人生を終える人もいます。

だから潜在意識の活用法を学んだ私は、自分の息子にはもちろん、世の中の若者や、這い上がりたいのにくすぶっている人が早く行動に移せるように助言をしていきます。

「強く想えばできる」

参考文献／映画

できる5%のビジネスマンは潜在意識を必ず活用している。山田浩典 / かんき出版
サピエンス全史ユヴァル・ノア・ハラリ / 河出書房新社
「原因」と「結果」の法則 ジェームズ アレン / サンマーク出版
生きてこそ / パラマウント ジャパン
マトリックス / ワーナー・ブラザース・ホームエンターテイメント
インセプション / ワーナー・ブラザース・ホームエンターテイメント
イエスマン / ワーナー・ブラザース・ホームエンターテイメント
LIFE! ライフ / 20 世紀フォックス・ホーム・エンターテイメント・ジャパン
アバター / 20 世紀フォックス・ホーム・エンターテイメント・ジャパン
ボヘミアン・ラプソディ / 20 世紀フォックス・ホーム・エンターテイメント・ジャパン
道をひらく 松下 幸之助 /PHP 研究所
やりたいことをやれ 本田 宗一郎 / PHP 研究所
できる人の読書術 堀 紘一 / ダイヤモンド社
7 つの習慣 - 成功には原則があった！スティーブン・R. コヴィー / キングベアー出版
思考は現実化する ナポレオン・ヒル / きこ書房
世界のエリートが IQ・学歴よりも重視！「レジリエンス」の鍛え方 久世 浩司 / 実業之日本社
思考の整理学 外山 滋比古 / 筑摩書房
ほんとうの心の力 中村 天風 /PHP 研究所
地上最強の商人 オグ・マンディーノ / 日本経営合理化協会出版局
成功への情熱 稲盛 和夫 /PHP 研究所
生き方 稲盛 和夫 / サンマーク出版
働き方 稲盛 和夫 / 三笠書房

profile

原田 智也（はらだ ともなり）

1967年生まれ大阪市城東区出身
大手人材サービス会社にて子会社代表を数社歴任。
2007年、ファッション業界に特化した人材サービス会社、株式会社ファインズ東京を設立。高卒新卒派遣や就職保証付きの産学協同学科運営など、業界初のサービスを次々とリリースし、ファッション業界専門の人材サービスでは草分け的な存在。2016年、潜在意識の活用法を広め、誰もが豊かで明るい社会にするために一般社団法人国際メンタルイノベーション協会を設立し、セミナーの開催と講師養成を行っている。
無料メルマガ https://imia.or.jp/mailmagazinelp/

学校法人国際ビジネス学院 専門学校金沢美専 特別顧問
HIV患者支援NPO法人GINA会員
不定期でクラブDJとしても活動している

トップアスリート、カリスマ経営者たちから学ぶ
未来を切り開く無敵の思考術
一流たちの潜在意識2.0

2019年8月20日第1版第1刷発行

著者　原田智也
編集　中村信子（ユナイテッドワークス）
装幀・DTP　細谷毅（HODO）

発行者　大森浩司
発行所　株式会社 ヴォイス 出版事業部
〒106-0031 東京都港区西麻布3-24-17 広瀬ビル
☎ 03-5474-5777（代表）
☎ 03-3408-7473（編集）
FAX 03-5411-1939
http：//www.voice-inc.co.jp/

印刷・製本　株式会社光邦

Full head solutions vector illustration/Shuttersstock.com.
ISBN978-4-89976-495-3